黄金经济新观察
丛书

黄金财富

新

视角

刘山恩 著

经济管理出版社
ECONOMY & MANAGEMENT PUBLISHING HOUSE

图书在版编目（CIP）数据

黄金财富新视角/刘山恩著. —北京：经济管理出版社，2009.6
ISBN 978-7-5096-0644-5

Ⅰ.黄… Ⅱ.刘 Ⅲ.黄金市场—投资—基本知识
Ⅳ.F830.94

中国版本图书馆 CIP 数据核字（2009）第 090123 号

出版发行：**经济管理出版社**

北京市海淀区北蜂窝 8 号中雅大厦 11 层

电话：（010）51915602　邮编：100038

印刷：世界知识印刷厂　　　　　经销：新华书店

责任编辑：张　马

技术编辑：张　马

责任校对：超　凡

720mm×1000mm/16　　　14.25 印张　　230 千字

2009 年 7 月第 1 版　　　2009 年 7 月第 1 次印刷

定价：28.00 元

书号：ISBN 978 - 7 - 5096 - 0644 - 5

目　录

第一部分
金融海啸与黄金市场

第二部分
黄金储备的时代价值与光辉

第三部分

藏金于民黄金投资流行时

第四部分

市场化时代黄金企业发展的相对论

第五部分

黄金营销:千年之变的现实选择

第六部分
黄金文化商品化的理性审视

第七部分
黄金文化商品化的实践探索

第八部分
延长黄金产业链之经济学

第一部分

金融海啸与黄金市场

金属是人类构建经济大厦不可或缺的物质要素，但没有任何一种金属可以像黄金那样在人类心目中占据如此崇高的地位：即使经历了数千年的岁月洗礼，仍然难以磨损其永恒价值和绝对财富的光辉；在当代信用资产的汪洋大海中，黄金更成了财富不被通胀吞噬的唯一希望。于是，随着我国长达半个世纪之久的黄金管制的解除，黄金与一般民众实现了零距离之后，在我国日益增多的投资者进入了黄金市场。

一、黄金市场怎么了

当一个人拥有的资产仅能维持他自己几天或几星期时，他很少想到要从这种资产获得任何收入……但当一个人拥有的资产足以维持几个月或几年时，他自然从其大部分来获得一种收入，只保留一小部分做直接消费之用……

——亚当·斯密

黄金投资在我国形成潮流，起始于 2004 年，虽然之前已是暗潮涌动。这是因为直到 2002 年上海黄金交易所开始运行，我国的黄金管制才宣告解除，再到 2004 年才将黄金市场从商品市场向金融市场转轨的任务正式列入改革日程，一般民众进入黄金市场的政策环境才算初步形成，成为一种现实的投资选择。

而对于一般民众来说，这一时刻的到来似乎有些姗姗来迟，因为此时我国的改革开放已推进了 20 余年，已有相当一部分民众家庭的财富积累大大超越了"仅能维持他自己几天或几个星期"的水平，因而有了获得家庭资产性收入的要求。早在此前的十多年就已有民众开始了股票投资和房产投资，这些已有投资经历的民众更为渴望新的投资方式的出现。可以说，民众对于黄金投资心仪已久。所以，当黄金投资的政策环境初步形成后，黄金投资便很快成为我们经济生活中的一个被广泛关注的热点，并形成了一支逐步壮大的投资者队伍。

　　这是 2004 年之后黄金投资潮流迅速形成的政治与经济的背景。

　　之所以日益增多的一般民众选择黄金投资，主要是基于对个人资产保值和投资安全的追求。正是因为如此，有不少在股市上、房市上投资的"失意者"或"失败者"转身于黄金投资，以期能"堤外损失堤内补"，在黄金投资市场闯出一片新天地。但是，有多少黄金投资者实现了这个目标，却是一个让人倍感困惑的问题。

　　2004 年秋，笔者到一个县级市出差，看到宾馆一层的一个上海黄金交易所会员企业与银行联合开办二级黄金市场，在数十台电脑前座无虚席，坐满了个人黄金投资者。与他们座谈了解到，他们大多有炒股经历，现在转战到金市，主要是认为黄金投资更安全。当时他们信心满满，我们相约再见。但是，两个月后我再访该市，却已风光不再，到上午 10 点多钟，市场中的投资者仍寥寥无几。原来只几个回合，信心满满的投资者便铩羽而归了，这些寻找投资避风港的人在黄金市场中重演了失败的悲剧。

　　从 2004 年至今只有短短的 5 年，在黄金市场中的投资者个体性的投资损失随时都可能发生，而带有普遍性的具有群体特征的投资损失事件起码已发生了 3 次。

　　第一次发生在 2005 年 8 月，当时从 2002 年开始的黄金牛市已持续了近 4 年，金价不断上涨，此时达到了 460 美元，比 2001 年平均金价已上涨了近 7 成。此时，对金价出现了涨势能否持续的担心预期，因而使我国黄金投资者纷纷做空。但之后金价并未如人们的预期走低，反而是一路走高，到年底竟突破了 500 美元大关，达到 530 美元，因而做空者普遍发生了投资亏损。但因为是刚刚进入黄金投资市场，大多投资者比较谨慎，虽然这次群体性事件造成的亏损面广，但程度并不特别严重，这是市场给我国黄金投资者上的第一堂风险教育课。

　　第二次是发生在 2006 年第二季度，当年 4 月金价突破了 600 美元大关，而之后的 1 个多月的时间更突破了 700 美元大关，达到了 732 美元，创 25 年来的历史新高。或许是为金价气势如虹的涨势所折服，也许是对 2005 年 8 月做空的警惕，在如此高价位上仍是一片看多声，人们乐观的预期突破 850 美元的历史高位已指日可待，受此影响我国黄金投资者普遍继续做多。但是，金价的实际变化再次让人跌破眼镜：金价不仅没有如人们预期的那样上涨，突破 850 美元，反而调头下行，并且下跌速度之快让人防不胜防，在数天内便下探 530 美元，大幅下滑了近 200 美元，降幅近 3 成。我国黄金投资者再次遭遇"滑铁卢"。因为这次金价回调幅度大、速度快，投资者更难以应付，只能平仓止损，因而，损失大于 2005 年 8 月做空失策。

2006 年第二季度做多失误的教训并没有给我国黄金投资者提供持久的规避市场风险的免疫力，投资损失的悲剧一直不停地上演着。

第三次是发生在 2008 年金价的上涨，使之前 6 年的牛市都黯然失色，年初便突破 850 美元的历史最高价位，3 月更突破了 1000 美元大关，达到了 1030 美元，创造了金价的历史新纪录。金价的大幅上涨也使投资者对市场有了更高的预期，市场的乐观气氛弥漫，有人认为这也仅是牛刀小试，黄金牛市仅进入了第一阶段，更大上涨还在后面，国际金价达到 1500 美元也不是梦想。于是我国黄金投资者在高价位上继续做多。但是，金价再次出乎人们的预期，两天内便下跌了 100 美元，到 11 月中旬更下跌到 714.3 美元的全年最低价位。这次不仅是金价下跌幅度空前，而且由于更多的黄金投资者被贪婪和盲目所驱使而加大了投资的杠杆比率，这样做虽然扩大了可能的盈利，但同时也扩大了投资风险，因而，这次做多失误给投资者带来的损失格外巨大，损失上亿者大有人在：著名的黄金投资人张卫星因此而爆仓倒闭；传闻广东某个小镇因大量居民参与其中而损失巨大，个人财富严重缩水，使当地经济水平倒退到了 20 年前。

蓦然回首，我们发现价值永恒的黄金在当今黄金市场中是如此的飘忽不定，使人难以把握，其诡秘与莫测并不逊色于股价和汇率。黄金市场的不确定性，使黄金投资者面对与股市、汇市、债市相同的投资风险，付出的代价会同样的沉重。

这与我们认为，投资黄金就是为人生购买了一份保险的传统理念和对黄金市场是资金避风港的期待存在着巨大的反差，不能不使远离半个世纪之久，今天重返黄金投资市场的投资者发问："黄金市场怎么了？"黄金还是不是人类社会的绝对财富，还能不能成为保卫民众财富安全的最后一个卫兵！

疑惑与质疑来源于对现实的感知，这种感知使我们感到当今的黄金市场与我们传统的认知已有很大的不同。但这种不同的本质是什么？又是什么样的力量推动了这种变化——我们一片茫然。这种茫然主要是缺乏对这种变化长短优劣评价的客观标准：当代黄金市场是国际金融市场的组成部分，因而，黄金市场的变化是国际金融市场演变发展的结果。而当代国际金融市场是以美元为中心的市场，这个市场的规则和机理已作为普遍价值而成为我国金融体制改革的榜样和目标，因而对当代黄金市场的反思，也就是对我国金融体系改革方向和目标的质疑，这样做需要勇气，更需要依据，然而后者在那时几乎是一片空白。没有依据的质疑只能是炒作，是作秀，而我们需要的是进行严肃的论证，只有以严肃的论证为基础的批判和反思才具有力量。

幸而有近期呼啸而来的金融海啸为我们提供了多方面的论证依据，使我们现在可以开始对当代黄金市场进行再认识。

金融海啸发端于美国，2007 年美国次贷危机初显之时，我们还更多地认为这与己无关，是别人家的事，但到了 2008 年已演变成了一场世界性的经济危机。就连多年来经济发展强劲，一直充当世界经济火车头角色的中国也不能幸免。对我国未来的发展还会有多大的影响仍是一个未知数，因为事态还在发展之中。金融海啸是一个不折不扣的负面事件，但它也带来一些积极的意义，这就是金融海啸无情地冲洗掉了神圣偶像的面纱，而将以美元为中心的当代金融体系的本质赤裸裸地揭示了出来，从而使人们禁锢的思想得到解放，促使人们对自己的选择作出重新思考。

金融海啸 2008 年肆虐全球，而引起了全球性的反思，标志着以美元为中心的国际金融体系开始了终结的历程，新的金融体系的建立即将开启。这就为我们审视当代黄金市场和探讨未来黄金市场改革提供了一个时代的坐标，而对以美元为中心的国际金融市场的批判，则为我们提供了一把解开当代黄金市场之惑的钥匙。既然我们把对以美元为中心的国际金融体系的批判作为解开当代黄金市场之惑的钥匙，那么，就必须首先从了解美国金融市场开始——那里发生了什么事情，它又如何酿成了一场世界性的灾难？

二、美国发生的那些事儿

只有在退潮的时候，我们才能发现谁在裸泳。

——西方谚语

堤坝一般都是从薄弱的环节垮塌，然而，这场金融危机却在全球金融最发达、经济最强大的美国爆发了。并且，危机迅速从美国国内蔓延到全球，使其成为一场世界性的经济危机，全球的实体经济也因此陷于困境。美国成了"裸泳者"，它集中地反映了当今国际金融体系主要矛盾的总爆发。

2007年4月2日，美国第二大抵押贷款公司——新世纪金融公司申请破产保护，抵押贷款风险浮上水面。

6月，美国第五大投资银行贝尔斯登公司旗下的两只基金因次贷抵押债券问题出现严重亏损，这是这次次贷危机中最先垮台的基金。

9月6日，美国第十大抵押贷款机构——美国住房抵押贷款投资公司向法院申请破产保护，次贷危机进一步加深。

10月，全球最大的券商——美林证券公布，第三季度美林证券在次贷相关领域遭受了80亿美元损失，首席执行官斯坦·奥尼尔10月30日被辞退。

11月，全球最大的金融机构——花旗银行因次贷事件受到重创。次贷危机先在抵押贷款公司显现，进而影响到投资银行，现又影响到商业银行，至此美国的金融机构无一幸免，表明了次贷危机影响的广泛性。

次贷危机初现，美国政府并没有掉以轻心，甚至抛弃一直高举的自由经济的大旗，直接入市干预。从2007年8月9～30日的 20 多天时间里，美联储先后累计向美国金融系统注资 1472.5 亿美元；9 月 18 日美联储又决定降息 0.5 个百分点，开始了新一轮"降息周期"；2008 年 2 月 12 日美国政府和六大房贷商提出了"救生索计划"，紧接着 13 日又出台了"一揽子"经济刺激法案，大幅度退税，刺激消费。这些增加市场流动性、提高消费的种种措施并没有终止经济形势继续恶化的趋势，相反，危机还在发展。进入 2008 年有更多的坏消息传来：

2008 年 2 月公布的美国宏观经济数据表明，房屋消费指数、非农就业人数、零售业指数连续数月恶化，表明次贷危机已经外溢，对美国的实体经济已造成实质性的危害。一些悲观的经济学家认为，美国将进入百年一遇的经济危机，并会发生滞胀。

2008 年 3 月 14 日，美国第五大投资银行——贝尔斯登宣布出现严重的资金短缺，表明次贷危机仍在发展恶化之中。次贷危机最终导致 5 月 31 日贝尔斯登被摩根大通收购。

投资银行诞生于 19 世纪初，主要是承销证券业务，有别于经营货币存贷和其他信用业务的商业银行。投资银行积极推进金融创新，开展衍生物交易而成为美国华尔街创新冒险精神的代表，是次贷抵押贷款的重要参与者。贝尔斯登的垮台敲响了投资银行从兴盛到衰落的警钟，这是金融发展史上的重要事件。

7 月 13 日，美国财政部和美联储宣布准备救助房利美和房贷美两大房贷公司。这两大房贷公司贷款占美国总房贷量的 80%，其发行的债券相当于美国债，由美国政府担保。这两大房贷公司告急，反映出美国次级抵押贷款危机的严重性。最终美国政府出资 2000 亿美元全面收购"两房"资产，启动了美国有史以来最大的金融援助，使"房地美"和"房利美"免予破产清盘。

9 月 15 日，美国第四大投资银行——雷曼兄弟公司宣布申请破产保护，同日美国银行宣布收购了第三大投资银行——美林银行。美国金融危机全面爆发。

9 月 21 日，美国联邦储备委员会宣布，已批准幸存的两大投资银行——高盛和摩根斯坦利提出的转为银行控股公司的申请。至此，华尔街五大投资银行全部倒闭，华尔街神话宣告破灭，全世界熟知的华尔街模式宣告终结。

9 月是美国金融业烽火四起之时，正当美国政府为救投资银行左推右挡之时，保险业、商业银行也告急声声：9 月 17 日，美国政府向国际集团 AIG 提供 850 亿美元紧急贷款，以控股 79.9% 的方式接管 AIG；9 月 25 日，华盛顿互惠银行被美国联邦存款保险公司（FDIC）接管，这是美国历史上倒闭的最大规模的银行。

9 月 20 日，美国政府紧急启动 7000 亿美元救援计划，并于 10 月 3 日获得了美国国会的批准。但是，形势并未好转，全球金融危机愈演愈烈，为此美国发动了一个全球性的救市运动。11 月在美国召开了专门讨论全球应对这场金融危机的 20 国首脑峰会。欧洲、亚洲还举行了地区首脑峰会，一致同意联手救市。

全球动员，全球行动，但至今仍未看到走出黑暗前的曙光，全球经济因此陷入泥沼：股市暴跌、经济下滑；西方国家经济出现负增长，新兴国家增速明显下降；进而是企业倒闭、工人失业、社会矛盾激化。这场由美国次贷危机引发的多米诺骨牌效应还在发展之中，有人预期可能还会持续两三年的时间，世界经济才能走出这场经济危机的阴霾，重新走上正轨。危害之大令人咋舌。

这场金融危机，对于美国来说正如美联储前主席格林斯潘所指出的是百年一遇，而对于世界来说，只有 1929 年世界经济危机可以与之相提并论。但是否会导致长期的经济萧条，虽还有待观察，但无疑会作为一个分水岭性事件，在人类金融史上留下重要的一页。其影响深远，将会成为人类货币制度建设的新开篇，因为这场金融危机使华尔街走下了神坛，美国人的生活方式也可能改变。所以，当各国政府还在为挽救经济不景气而焦头烂额、忙于应对之时，对于这次危机的根源追溯和教训及反思已在社会不同层面展开。我们首先需要了解的是什么样的力量使至今仍居全球经济之首的美国陷入这场危机之中呢？

显然，这场危机起自于美国次贷危机，由次贷危机引发金融危机；并再由美国的金融危机演变为全球的金融危机；又由金融危机传导到实体经济，因而造成了全球性的经济危机。而这场全球经济危机最初的罪恶种子，就是美国的房屋次级抵押贷款。

拥有自己的住房可以说是每一个人都追求的目标，但达到这个目标的途径会有所不同。有一个流传广泛的幽默：一个华裔老妇人在耄耋之年不无感慨地说，她终于住进了自己的大房子；而一个耄耋之年的美国老妇人却感慨地说，她终于还清了房贷。我们中华民族的传统是节俭积累，量入为出，而美国人则是寅吃卯粮，透支消费。因而，解决住房花自己的钱与花银行的钱是两种不同的生活方式选择。美国人购买住房主要是使用银行贷款，而不是个人积累，因而房屋贷款是美国的一种重要的金融产品。

向银行贷款的重要依据是个人信用，个人信用度高的人不仅容易获得银行贷款，而且还有利率优惠；而信用度差的人不仅难以获得银行贷款，还要付出更高的利息。所谓信用差的人就是以前有不良记录，或收入低、还贷能力低的人，而面对这类人群的贷款就是所谓次级抵押贷款。

次级抵押贷款风险大，还贷违约率高，在 2006 年底还贷违约率比优质贷款市场高 7 倍多，达到了 10.5%（一季度更高达15.75%），但利率高 2～3 个百分点。虽然高风险，但收益率也高，因而有不少机构甘愿冒险而做次级抵押贷款。特别是在房价不断走高的情况下，即使出现了违约情况，抵押房产变现后的所得仍可保证贷款的回收安全，所以 2006 年美国次级抵押贷款发展到了疯狂的程度。2001 年次级抵押贷款仅占美国总抵押贷款的5%，而到 2006 年已达 20%，5 年增长了 3 倍，次级贷总额达到了6000 亿美元。随着次贷规模的扩大，风险也在增长。一些穷其一生都难以支付购房款的人，在这时也以"零首付，低利率"的方式获得了次贷，购买了住房，成为次贷危机爆发的潜在因素。

表 1-1　　　　　　　　美国次级抵押贷款变化情况

年　份	次贷总额（亿美元）	年　份	次贷总额（亿美元）
2001	1200	2004	5300
2002	1850	2005	6250
2003	3100	2006	6000

资料来源：Inside Mortgage Finance，转摘自《金融风暴启示录》，新世界出版社出版。

另外，受贪欲的驱使，为了扩大次贷规模，一些贷款者、评估师、贷款公司甚至勾结成利益共同体，弄虚作假，瞒天过海，而又因监管缺失，其欺骗屡屡得手，使美国次贷市场成了空前的投机赌博场。并且在房价不断上涨的情况下，金融机构还提供再抵押贷款，美国家庭可以通过房产不断融资套现，一方面进一步刺激了投机，另一方面又创造了房产泡沫。这些因素又给本来就风险很大的次级抵押贷款市场增加了新的、更大的风险。大经济学家凯恩斯早有论述，他指出，市场主导的金融投机活动是一种"动物本性"，本无大害，但当一个国家的资本运作过程成为"赌场活动的衍生行为时"，整个经济就要出问题。美国次贷市场正是因此闯下惊天大祸。

首先是华尔街的金融家们，为了获得超额利润，不惜弄虚作假，置风险而不顾，最终遭遇了玩火自焚的下场。美国政府也难逃干系，因利己而纵容金融家玩火，放松监管，被自己想搬起砸别人的石头砸了自己的脚。在这场危机中许多利益受损者也并非无辜，正是因为贪婪而成了这场游戏的参与者，到头来成了扑火之蛾。

如果美国房市仍然处于上升趋势，房价不断上涨，次贷危机还不会这么快爆发，但是从 2004 年开始通胀上升，联邦基金利率从 1% 一直上升到了 5.25%，因而 2006 年 4 月家庭抵押贷款 30 年利率上升到了 6.43%，以浮动利率还贷的购房者负担加重。还贷风险首先是在原本穷其一生也无力购房的次级抵押贷款人的身上显现，使次贷违约客户大增。此时又逢美国房地产泡沫破裂，房市出现下滑，违约很快拖累次贷公司的资金链出现断裂而破产。由此引发了一系列危机的出现。

次贷公司的破产，使银行坏账增加而引发了金融危机。金融危机导致了社会资金流动性的缺乏，而资金流动性的缺乏又影响了实体经济和民众消费，最终酿成了一场全球性的经济危机。目前，这场危机还在发展之中。这就是这次全球经济危机的形成演变过程。

在这场金融危机的发展演变过程中的一些现象更令人深思：

——因美国人贪婪而制造的次贷危机，但最终却变成了一场全球经济危机。美国闯祸，让世界埋单付费，而且是不露声色，冠冕堂皇，何理之有？

——在这样的一场经济危机中，欧洲、亚洲股市跌幅高达6成以上，财富大量蒸发，甚至一些国家，如欧洲的冰岛、亚洲的巴基斯坦等处于国家破产的境地。但是，危机的发源地和危机的中心——美国的股市仅有3成的下跌，损失反而要小得多，这又何理之有？

——这场经济危机实质就是美元危机，危机未除，美元贬值继续，本应黄金价格继续走高，但2008年3月金价突破1000美元大关以后，却掉头下行，到11月13日已下跌3成多，降到了714.3美元。是因为在这场经济危机中，许多人规避货币贬值风险选择了美元，而非黄金，这似乎让人难以理解？

看来我们分析指出这场由美国发生的经济危机的罪恶种子是次级抵押贷款，而制造次贷危机的是人性的贪婪，还没有找到最终答案。

如果我们做一个历史过程的考察就会发现，从20世纪60年代开始，美国的财政就不断恶化，财政与外贸双赤字长期存在并日益严重。如1960年美国黄金储备178亿美元，而外债已达210亿美元，已超过了还债能力。而到1968年美国黄金储备下降到121亿美元，下降了32%，而外债却上升了57.6%，达到了331亿美元，外债是其黄金储备偿债能力的2.73倍。到1971年美国黄金储备仅剩下了102.1亿元，而外债上升到了678亿美元，仅相当于外债的15.05%。而到2007年美国贸易逆差已高达7116亿美元，而其黄金储备比之前还有所减少。因而美元危机时而发生，但每次危机最终美国不仅不是受损国，反而成了最大受益国，也从未能动摇其国际金融市场霸主地位。因而甚至让人怀疑美国金融危机是美国人的预谋，确实阴谋论是现在许多专著论述的主题。

但是，假如阴谋论成立，那么又是什么原因使其阴谋能够得逞呢？或许我们对美国次贷形成的金融危机根源追索只是触及了问题的表层，继续向下追索才能触及问题本质，即美元霸权问题。

三、美元霸权与美元游戏

要颠覆现存社会的基础，再没有比搞坏这个社会的货币更微妙更保险的方式了。这一过程引发了经济规律的破坏性的一面中隐藏的全部力量，它是以一种无人能弄明白的方式做到这一点的。

——约翰·梅纳德·凯恩斯

这场全球性的金融危机从本质上讲就是美元危机，所以，这场危机中的所有不合理性的原因都存在于以美元为中心的国际货币体系之中。

前面我们已经指出，美国次贷危机源于人类的贪婪，因而必须对放任的贪婪实行有效的节制。节制人性的贪婪，首先应是人类的自省所产生的控制力，这是十分重要的。但是，无论是历史的，还是现实的，众多事实都表明，只有部分甚至是少数人能够自我节制贪婪，因为这需要持久的修养。而大部分人的贪婪是不能自我节制的，因而，需要建立对人类贪婪本能放任泛滥的外部制度约束，以制度的约束规范人类的行为。所以，全球金融危机的爆发也就表明当今的国际货币制度出了问题。

当今是一个什么样的国际货币制度？为什么会出现问题呢？回答这些问题需对货币发展史作一点简要追溯：

货币是商品交换的产物，在货币出现之前，人类的财富形式就是人类生存所需的各种有用的物品。货币出现以后，货币也成了人类财富的一种形式，并且已成当今家庭中最重要的财富形式。大部分财富都是以货币的形式存在的。这是因为货币作为一般等价物，只要拥有了货币便可方便地获得所需要的物品，而且比实物财富更宜保存，使用更方便。而货币之所以可以充当一般等价物，具有价值和购买力，是因为货币本身就是商品，或由某种商品作担保。所以，在 20 世纪 70 年代以前，不论货币的具体形态如何变化，货币都是实物商品，或与实物商品挂钩。

近代，人类社会实物货币主要是金银。在金银双本位时期，货币是由金和银制成，而形态有块、币等；后来白银退出了货币领域，仅有黄金铸币作为流通和支付的手段，这就是人类社会的金本位制时代。

金本位制随着情况的变化而衍生出了金块本位制和金汇兑本位制，这些变化的总趋势是节约黄金的使用，从而使纸币逐渐成了流通与支付的主要手段，但纸币与黄金挂钩，具有法定的含金量。所以，纸币和纸币衍生的银行存单和有价证券也成了人类财富储藏，从此财富不再只是实物形态的物质，而变成了银行账户上的一组数据，或是印有图案的几张纸片，这就是财富的虚拟化。

20世纪大部分时间里都是实行金汇兑制，即黄金是纸币发行的基础，而纸币是最主要的流通支付手段。在第二次世界大战之前，英镑是国际贸易的主要结算货币，这是一个以英镑为中心的国际货币体系；1944年第二次世界大战结束前建立的布雷顿森林国际货币体系，由美元取代英镑成为国际贸易的结算货币。美元的崛起是以当时美国的商品生产量占到了全世界生产总量的50%、拥有全世界76%的黄金储备为实力的。所以美元一度被称之为美金，即是与黄金价值一样坚挺的货币。因而，当时以美元取代英镑作为全球国际货币并非徒有虚名。

布雷顿森林货币体系开启了以美元为中心货币的国际货币体系的新时期，在确定美元为国际贸易结算货币的同时，又规定美国承担以35美元官价兑1盎司黄金的国际义务，也就是规定了1美元有0.89克的含金量。这样美元与黄金挂钩，而其他货币与美元挂钩的货币体系的稳定性，是建立在黄金价值稳定和美国经济强劲的基础之上的。但之后这个国际货币体系的这两大稳定因素都消失了，因而国际货币体系不稳定性日益加剧，矛盾加剧使国际货币体系的改革也就提上了日程，而这次美国金融危机是矛盾的大爆发，更加快了改革的推进日程。

之所以规定美元与黄金挂钩，有固定的含金量，就是要为美元确定一个客观的价值衡量标准，防止通胀，这是对美元发行者美国政府的一个制度性硬约束，是保持国际货币体系稳定的最后保险。我们从这个角度观察，1971年尼克松总统代表美国政府宣布停止履行按官价兑黄金的义务，与其说是美国因外贸和财政双赤字长期存在，黄金大量外流而不得已的无奈之举，不如说是美国深谋远虑地走出战略性的一步，从此使美国拥有了美元霸权。前者是名，后者是实。果然，在不改变美元国际中心货币地位的情况下，美国政府获得了国际货币的定价权。布雷顿森林货币体系宣告瓦解，从此，人类社会第一次出现了一个不与任何实体商品相联系的国际货币体系。

美国拥有国际硬通货的发行权和定价权，是美国世界经济强权最核心的部分。美元与黄金脱钩以后，美元实际上失去了其购买力的逻辑源头，美元价值失去了客观性而变成了一种主观认定，并且全球都要以美国主观的认定作为交换的标准，这种美元霸权成为美国从全世界获得利益的有力工具。

因而美国成为全球唯一可以通过印刷纸币平衡外贸和财政赤字的国家，形成了靠借贷消费不劳而获的生活方式。因为美元的生产成本很低，只要付出少量的劳动，轻轻松松地就可以换来别人的"真金白银"。这是一个美元霸权的时代。

当然，美国凭借美元霸权掠夺世界也不会赤裸裸地进行，其使用的一个重要手段就是高唱金融创新的高调，推出了形形色色的金融衍生物。40年来，美国创造了一个让人匪夷所思的金融衍生品家庭，并且还在不断地花样翻新。这些衍生物并不能创造新的价值，只不过是不同的转移风险的游戏。因为市场风险只能转移，不能消灭，最终总要有风险的承担者，而美国金融家凭借游戏规则制定者的优势，总是处于游戏的主动方和发牌者地位，因而获得了远远高于其他人的利益和收益。图1-1是次级抵押贷款衍生品演变路线图。

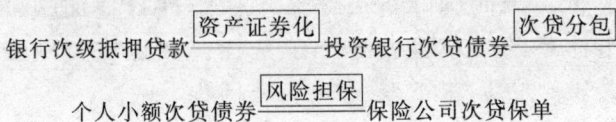

银行次级抵押贷款 ——资产证券化—— 投资银行次贷债券 ——次贷分包——

个人小额次贷债券 ——风险担保—— 保险公司次贷保单

图1-1　次级抵押贷款衍生品演变路线

　　首先是商业银行将已发放的次级抵押贷款证券化，将次贷证券卖给投资银行，投资银行再将次贷证券分类包装为不同的小额次贷产品，卖给民众（个人投资者），为了保险消除风险，保险公司又推出了不同的次贷保险产品。经过次级抵押贷款的不断衍生，次级抵押贷款的风险从商业银行扩散到投资银行、民众和保险公司；又从美国国内扩散到了国外，所以，美国次贷危机在全球引发了"多米诺骨牌"效应，全世界为之埋单，从而减轻了美国的损失。

　　一个重要的手段就是垄断和掌握市场的话语权。美国一直标榜自己的发展模式最优越，是各国的榜样，并依靠强大的市场话语权造成了强大的思想塑造力，使不少国家把美国作为学习的偶像，唯美国是瞻，把美国的价值观视为普遍价值观，把美国的标准视为世界的标准。但是，美国却隐瞒了这些价值观和标准都出于维护美国人利益的这个核心事实。为把这些价值观和标准推向全球，美国甚至要动用武力，但更主要是通过垄断和掌握市场话语权达到的。所以一旦把美国的市场价值观和标准照单全收以后，也就等于将实际的利益和财富拱手送给了美国。因而，在当今美国经济强权的世界里，美国一直是市场规则和标准的主要制定者和实施的主导者。

　　另一个重要的手段是牢牢掌握汇率调整的主动权和主要商品的定价权，以追求自身利益的实现。最为典型的案例是使日元在20世纪90年代初一次升值40%，从而导致日本长达10年的经济低迷，一改日美经济发展的对比格局，美国从此开始了一个长达10年的经济增长期。另一个案例是21世纪对人民币的责难，逼迫人民币升值，从而使我国外汇储备受损，而美国则冠冕堂皇地赖账而免受追索。美元定价权已成为当今美国在全球追求不当得利的有力武器。

　　这一点同样表现在实体经济层面，因为美元是国际贸易的结算手段，所以全球主要的大宗商品都是以美元定价，因而，全球石油、矿产、有色金属、粮食、黄金等的市场价格变化都可以看出美元霸权的力量。与美元共舞，而美元的变化更多是源于美国利益的需要，所以在商品价格的博弈中美国往往是赢家，而发展中国家往往是输家。随着经济的发展，我国已经成为世界商品市场数一数二的卖家和重要的买家，但我们并没有商品定价权，反而陷入了中国出口商品越来越便宜、进口商品越来越贵的窘况，其根本的原因是我们没有国际结算货币的定价权。

美国正是凭借美元霸权走向了一条不是创造实体财富，而是转移财富的致富之路，所以我们可以看到的情景是美国的制造业在萎缩而服务业在发展；实体经济的比例在下降而虚拟经济的比例在上升。

过去我们把虚拟经济仅看成是制造经济泡沫，但今天我们更应看到这还是美国转移全球财富的手段。只有不断地推动经济的虚拟化、财富的虚拟化，美元霸权才能得到最大的发挥，才能以一种无人能弄明白的方式更轻易、更方便地把别人的"真金白银"转移到自己的手中。一些金融衍生物连专家们都难以完全弄明白，投资者糊里糊涂还未明白时已输得一干二净，虽然它描绘的前景是那样的迷人。

但是，虚拟经济如果没有实体经济作支撑，只能是一个经济的泡沫，虽然也可以一时使经济发展得更快、规模更大，也终有破灭之时。一旦经济泡沫破裂，各种金融衍生物立即就变成了一张空头支票，成为一文不值的废纸，因而这是一种危险的游戏。

美国次级抵押贷款危机的爆发，就是美国人玩这种危险游戏过了头：受贪婪的驱使，甚至有大量的交易主体结成了欺骗的共同体。制造假资料，从而使大量不应获得贷款的人获得了贷款，然后商业银行又把这种假货当真货卖给了大量的个人投资者，保险公司又为这些假货担保。而且又是在一个高负债的体系中，任何一个环节出现问题立即就会引起整个资金链条中断，陷入全局性的困境。经济学家郎咸平称美国的次级抵押贷款就像是混进了"三聚氰胺"，所以闹出人命，捅出惊天大案，只不过是一个时间早晚的问题。

由上述阐释我们得出结论：美元霸权的国际货币体系才是危机的根源。而其对黄金市场的影响如何呢？

四、功能异化的黄金市场

现在，每一事物仿佛都包含着自己的对立面。我们看到，机器具有缩减人类劳动并使之卓有成效的奇特力量，可是却把人们导向饥饿和疲惫。新发明的财富的源泉，由于某些注定的魔力，却变成贫穷的源泉。艺术的胜利看起来是以道德品质的丧失为代价。

——卡尔·马克思

马克思看到的各种对立的矛盾现象在当代黄金市场中也可以看到，但我们把这种矛盾性放在当代金融体系之中、美元霸权之下，就可以得出一个合理的解释。因此，我们要认识当代黄金市场，必须把其置于当代金融市场体系的基础之上。

黄金作为一种客观存在的物质，其特性是客观的，不会随人们的主观愿望而变化。马克思有一句广为人知的名言："金银天然不是货币，货币天然是金银。"这句话就是说金银的特质特别能满足货币功能的需要，是货币的首选材料，所以说货币天然是金银，而且黄金的表现尤为优异，因而金本位制在人类的货币史上留下了极为重要的一个篇章。

本位货币在国际货币体系中最主要的功能是保持稳定，只有稳定的货币才有可能成为本位货币，黄金之所以能够长期成为国际本位货币就是因为其具有的超稳定性。在金本位制时期，黄金在国际货币体系中如同太阳系中的太阳，其他货币围绕黄金进行有规律的运动，黄金的稳定是整个国际货币体系稳定的前提条件。为了维持黄金价格的稳定，甚至动用各国的力量，共同干预市场。黄金的稳定性表现在以下三个方面：

（1）价值的稳定。优良的自然特性使黄金可以千年不朽，价值永恒。人类社会数千年生产的黄金有95%以上还存留于世，是满足货币储备和流通功能的最佳选择。

（2）购买力稳定。黄金是人类的实体财富，具有内在的价值，相对于不断贬值的信用货币而言，黄金的购买力十分稳定。专家研究结果表明，在一个较长时期内，黄金价格不是随商品价格的调整而变化，而是商品价格向黄金价格回归。目前，黄金仍被视作衡量商品价值和社会通胀的尺度。

（3）价格稳定。黄金每盎司 3.185 英镑的价格保持了近 200 年，20.67 美元的价格保持了 80 年，而 35 美元的价格保持了 37 年。可以说，没有任何一种商品能做到这一点。

黄金的稳定带来了金本位国际货币体系的稳定。当今人们对黄金的信任和对金本位制的怀旧，归根结底是人们面对金融市场的动荡而对稳定的渴望与追求。

在这个稳定的金本位体系中，黄金市场是黄金货币市场与黄金商品市场并行的两元市场结构体系。在实际的运行过程中，两个市场也会出现价差，如果价差超过铸币成本和交易成本之和，就会出现投资套利活动。一旦出现这种情况，政府当局必然干预，使价差保持在成本平衡点以下，使两个市场很快恢复到平行状态。因而，那时黄金货币市场主要是铸币和金币流通的过程，其投资盈利的功能并不突出。市场交易的参与者主要是黄金或金币的供需双方。这是一个为实体经济服务，满足实体经济发展需求的市场。

今天，或许许多人对黄金和黄金市场的认识仍是如此，也确实还有许多商家以黄金的永恒来论证其黄金投资产品的安全性，而这也恰是许多民众购买黄金产品的原因。但是，这是一种误导和误解，因为今天黄金市场的功能与之前相比发生了很大变化，我们称之为异化。

金本位制带来了金融体系的稳定，但受黄金自然条件的约束产生了信用供给不足，这一问题发展到一定程度就会发生通货紧缩，进而影响实体经济的发展，造成社会生产力倒退。从一定意义上讲，1972 年美国将美元与黄金脱钩以后，国际货币基金组织开始推行黄金非货币化改革，并最终废止了黄金作为国际贸易结算工具的规定，是舍弃了稳定优先的经济原则，而选择了发展优先的经济原则。正是这个调整，对黄金市场的发展产生了重要影响，开始其异化过程。

20世纪70年代初，美元与黄金脱钩，布雷顿森林国际货币体系宣告瓦解，国际货币体系由金本位制进入到了美元强权时期，但美元强权建立在排斥金本位制的基础之上。为强化美元权威，美国在当代国际货币体系中一直充当了黄金刽子手的角色，先后对黄金使出多种扼制手段。

第一道杀手锏，黄金非货币化。在美国的主导下，国际货币基金组织全面推进黄金非货币化。1978年，《国际货币基金协定》修改方案获得通过，标志着法制层面上黄金非货币化的完成，黄金不再是国际贸易的法定结算手段。

第二道杀手锏，打压金价。1980年，在美元的打压下，金价开始了一个长达21年的低迷期，到2001年金价仅是1980年金价的44%。金价严重滞后于通货膨胀，使黄金对资产的保值功能严重弱化，对美元贬值的预警和指示能力大大降低，从而强化了弱势美元的权威。这一手段在20世纪90年代达到顶点，在金价掉入最低谷之时，美元霸权也到达了其历史的最高峰。

以上两道杀手锏虽然有效，但并非致命。这是因为黄金的自然属性是客观存在的，并不能人为地一笔抹杀掉：

——"货币天然是金银。"黄金非货币化在社会法制层面上的完成，并不意味着实际经济层面上黄金货币功能的全部丧失。相反，正如人们形象地描述的那样：黄金从正门被赶了出去，但又从窗户溜了进来。在国际货币基金组织推进非货币化的同时，黄金作为投资品在金融市场中日益活跃了起来。各国央行至今仍保留了大量黄金储备，仍然认为黄金是国家储备资产，并可以接受黄金作为外贸最后结算的手段。因而，黄金非货币化并未最终完成，黄金也并未成为一般商品。

——商品价格有涨有落，不能一直上涨或下跌，因而金价只能在一定程度上受到打压。作为黄金的对立物，美元也不能永久保持强势，如果美元走弱，金价走势也会逆转。在美元贬值的大背景下，从2002年开始，金价一改颓势，进入了一个持续上升的牛市。到2008年，金价比2001年上涨了215.98%，最高金价突破了1000美元，年均金价达到了856.44美元，均创历史最高水平。对照美元的持续疲软，黄金的价值恒定再次得到证实，而且获得了社会的一致认可。因此，打压金价只能做到一时，不能做到一世。

相对而言，第三道杀手锏更为致命，这就是推进黄金市场功能异化，市场功能异化的核心是把黄金市场金融稳定的主导功能异化为投机盈利功能。前面已指出，在金本位时期，黄金市场交易的是实金，市场以实现金融的稳定为首要目标，起到的是社会财富稳定器的作用，但这与美元霸权以不断增强美国转移全球财富能力的战略目标相悖。为此，在美国的主导下，黄金市场出现了以下明显的变化：

1. 以市场化之名，将黄金价格的形成纳入了美元霸权的范畴

黄金市场稳定社会金融的功能，首先来源于金价的稳定。长期以来，各国政府都把稳定金价作为货币稳定的基本条件，而货币稳定又是社会经济稳定的关键。因而，黄金固定价格制实行了数十年乃至上百年不变，黄金赢得了超稳定的声誉。但是，这并不符合美元霸权的战略目的，因为输出美元通胀和投机盈利是美元霸权获得超额利益和不当利益的关键，如果金价固定也就意味着把美元稳定在一个固定的价位上，这样美元的通胀和投机将受到抑制。因此，在1972年美元与黄金脱钩的同时，金价也由固定价格制变为浮动价格制，金价随市场的变化而浮动。从此黄金失去了稳定的好名声，黄金市场也失去了自己特殊的优势，美元去掉了管束的"紧箍咒"。实际上，这在相当大的程度上废掉了稳定金融市场的"锚"，废掉了黄金市场的"武功"，为投机活动的泛滥打开了大门。这是异化黄金市场功能重要而关键的一个步骤。

另外，国际金价定盘价虽然是在英国伦敦形成，但已改为以美元定价，而且美国黄金期货市场的交易价已成为金价走势的风向标，美元金价是全球黄金交易的标准。这意味着不再是黄金决定美元价格，而是变为美元决定黄金价格，定价标准和依据发生了根本性的变化。黄金对于美元波动的制衡作用不能说已经消失，但已从主导性作用，变为了从属性作用。在大多数时间里，

黄金价格随美元的变化而变化，这表明当代黄金市场价格形成机制已被纳入美元霸权范畴。因此，我们要客观地评价当代黄金市场在国际金融市场中对美元汇率的平衡与制衡作用。

黄金定价权归根结底不是由交易数量决定的，而是本位货币美元意志的体现。黄金市场价格变化与交易供求变化的关联性远远低于与美元的关联性，所以分析黄金价格变化首先要看美元因素。了解了这一点，就可以明白为什么黄金市场中的价格与股市、汇市一样变化莫测，投资风险很大。这要求黄金投资者要力戒盲目性，对黄金投资的安全性做客观的评估。投资黄金不是总有收获，损失也会经常发生。

2. 以金融创新之名，不断推进当代黄金市场交易虚拟化

将黄金价格形成机制美元化，是把黄金市场纳入美元霸权范围，而黄金交易的虚拟化是将黄金市场纳入美元虚拟经济体系。美元霸权的核心竞争力不是创造财富的能力，而是转移财富的能力。只有财富的虚拟化，才能最大限度地增加财富的流动性，而流动性可以给美元霸权转移财富提供便利，降低成本。所以，我们可以看到，证券化已使财富虚拟化达到了无孔不入的地步：大型企业、大宗商品、不动产都已可以通过证券买卖实现流转，甚至连风险都可以证券化后进行交易，美国次贷就是一个例证。虚拟财富交易产生泡沫经济。我们已经看到了太多对泡沫经济必要性的论述。今天看来，以财富虚拟化为基础的泡沫经济的必要论，只不过是美元霸权话语权的一种。

美国推进黄金市场交易虚拟化的手段是黄金交易标的衍生化，使黄金市场成为资本的博弈角力场，而其标志性的事件是1975年美国黄金期货的推出。在此之前，黄金市场的任何变化都是在实金交易的基础上发生的，而美国黄金期货的推出与成功，使黄金实物交易的一元化市场变为了实金即期市场与远期合约市场平行并各自沿着不同方向发展的两元市场结构，并逐渐使黄金虚拟交易成为了市场的主导。

黄金学者蒂莫西·格林在《黄金新世界》一书中，这样记述了美国的黄金期货市场："投机商的支配地位说明了期货市场

的性质。虽然在金价上涨的情况下，也给金矿老板提供了预卖其产品的机会，也使金条交易商对其寄售货物预先保值卖出给金饰制造商，但实际上这是一个赌场，是赌徒们做手脚——这是期货市场价格猛涨猛落的根本原因，大量'火辣辣的'钱（一个法国人称之为'懒汉钱'）一会儿流进，一会儿流出，这样的过度反应简直是不可避免。"目前，黄金期货市场最后真正形成的黄金交易量仅占总交易量的1%，而其余99%皆为虚拟交易。

1985年，美国又推出了黄金期权交易，这仅是一种黄金交易权利的买卖；到20世纪90年代，出现了在黄金期货、期权基础上与汇率、利率、股指挂钩的多种结构衍生物和理财产品，黄金交易标的虚拟化达到了极致，如表1-2所示。

表1-2

典型产品	交易标的	交易内涵
与汇率、利率、股指等挂钩产品	结构衍生物 ↑	市场价格波动风险
场内期权合约、场外期权合约	期权合约 ↑	交易者违约风险
场内期货合约、场外保证金交易	杠杆元期合约 ↑	数倍远期金价风险
提前销售合约、递延合约	远期合约 ↑	远期金价不确定性风险
银行账户、存单	纸黄金 ↑	100%黄金价值，使用价值为零
纪念币、条、摆件及饰品等	金制品 ↑	部分黄金使用价值与价值
标准条、锭	黄金	100%黄金使用价值与价值

从表1-2中我们清晰地看到，通过交易标的衍生化，当今黄金市场中交易的已不只是黄金或黄金产品，只有黄金之名的市场风险也成了交易标的，而且不仅是金价风险，美元汇率和股市波动风险

也都成为交易标的。实际上，每年全球真正的黄金交易量只有4000吨左右，而总交易量突破了20万吨，所以95%以上是黄金衍生品交易产生的虚拟交易。市场交易结构，如表1-3所示。

表1-3

标的名称	交易量所占（%）
实物黄金	> 3
场内交易的期货和期权合约	40～45
场外市场交易的结构衍生物	50～60

毋庸置疑，黄金市场已由实物交易主导的市场异化为衍生物交易主导的市场，成为了美元泡沫经济的一部分。黄金具有的内在价值在一定意义上是固有的，因而可以成为规避货币风险的避风港；而黄金衍生物只是一种凭证，它的价值是买卖价差，可能为正数，也可能是负数，价值是变化的，并不一定可以规避货币贬值的风险。

在美元霸权引发金融海啸的大背景中审视和反思当代黄金市场的结论是：黄金作为一种客观存在的物质，其本质特征没有变，但当代黄金市场在价格形成机制美元化和交易虚拟化的作用下，市场功能发生了异化，它已不是美元虚拟经济的天然对立物。因此，要发挥和强化黄金市场资产保值、资金避险的市场功能，必须对当代黄金市场进行重构和再造，对其社会定位给予重新的诠释。

五、打造稳定金融之"锚"

在没有金本位的情况下，将没有任何办法来保护人们的储蓄不被通货膨胀所吞噬，将没有安全的财富栖身地。这就是那些福利统计学家激烈反对黄金的秘密。

　　赤字财政简单地说就是没收财富的阴谋，而黄金挡住了这个阴险的过程。它充当着财产权的保护者。如果人们抓住了这一核心要点，就不难理解有人对金本位制的恶意诽谤了。

——艾伦·格林斯潘

　　以上是 1966 年尚未就任美联储主席要职时，格林斯潘对黄金的一番论述，这番话一矢中的，但从他后来的表现看，很难说是言行一致，因为他作为美联储主席最大的遗产就是通胀。比格林斯潘更早的经济学大家凯恩斯也有相似的评论，他指出："黄金在我们制度中具有重要的作用。它作为最后的卫兵和紧急时的储备金，还没有更好的东西可以取代它。"这些经济学家们以准确的语言文字对黄金的独特作用做了深刻的诠释，但是，怎样在人类社会的经济制度中确立它并发挥作用，却是一个不小的难题。

　　20 世纪 70 年代，布雷顿森林货币体系解体，黄金这个金融稳定之"锚"被排除在国际货币体系之外，并进行了黄金非货币化改革。汇率和利率开始大幅波动，加剧了全球金融的不稳定性。这种不稳定性在可控时，并不被斥责，反而是自由经济学派所追求的（自由经济学派是近几十年的主流学派，得到了各国政府的青睐）。从此，美元走上了贬值的不归路，通胀成为美国政府掠夺民众与全球财富屡屡得手的工具，加深了国际货币体系的不公平。智者千虑必有一失。自由学派的经济学家们可能也没有料到，美元的波动最终会酿成这场席卷美国又祸及全球的金融海啸。美元本位作为罪魁祸首而受到广泛质疑和指责；格林斯潘瞬间由英雄变为了罪人，受到质询与责问的美元霸权主导的国际货币体系遭遇了空前的困境。在面对波动之苦时，稳定成为了人们的渴望，关于黄金这只金融稳定之"锚"的话题开始增多，黄金成为讨论的焦点。

　　未来国际货币体系中黄金以什么样的形式、发挥何种作用还未清晰，因为目前美国仍是全球经济的主导者。世界经济是与美元，而非黄金相联系，因而只有美元先稳定下来，全球经济才能稳定下来。黄金还不能成为左右大局的主导性力量。这就是当前各国货币在面临贬值风险时，选择美元而非黄金来规避通胀风险的原因。但是，国际货币体系的改革已箭在弦上，势在必行。

2008 年在美国华盛顿举行的 20 国首脑峰会提出，对金融市场进行更严格的监管，建立多元的货币体系，表明不与任何实体商品挂钩的国际信用货币体系存在着内在的弱点，必须建立对美元霸权制衡的力量。2009 年 2 月在伦敦 20 国金融会议前夕，中国人民银行行长周小川又提出了要创立超越国家主权的国际货币。因为"金本位制"有良好的稳定口碑，所以不少人希望能借鉴"金本位制"的历史经验，打造一只稳定当代金融的黄金之"锚"，为国际金融体系增加稳定的力量。

笔者认为，打造稳定金融的黄金之"锚"并不是要恢复"金本位制"，因为与 19 世纪相比，当今全球经济的规模和发展速度不可同日而语。截至 2007 年，人类总计生产了 16.1 万吨黄金，按现在的金价计算，其价值接近 5 万亿美元。这虽然是一个不小的财富积累，但是，作为全球经济活动的信用额度的供给量，显然还远远不够。因此，黄金不可能成为未来稳定国际金融的主导力量，但这并不排除黄金作为一种特殊的重要力量的存在。

美国金融海啸的爆发，表明没有制衡的美元本位制的危险性。国际货币体系中需要建立对美元的制衡力量，然而由于黄金非货币化和黄金市场功能的异化，使黄金对美元波动的制衡力量极度萎缩，并在货币制度中逐渐被边缘化。因而，打造稳定金融的黄金之"锚"，首先要对我们的政策取向和目标选择进行再思考。

思考之一：

我们分析认为，目前实现黄金货币化的可能性并不存在，只是一个可以讨论的话题，但对黄金非货币化的政策调整不但可能，而且必要。可适度提高黄金在国际货币体系中的法律地位，以增强黄金在体系中对美元的制衡作用。

国际货币基金组织推行黄金非货币化，黄金不再是法定的国际贸易的支付手段，但各国的黄金储备和国际货币基金组织剩余的黄金储备的性质和归宿并没有明确。在目前的形势下，应在国际货币体系中对国家和国际货币基金组织的黄金储备给予明确的法律定位，并对各国外汇储备中的黄金储备比例作出规定，从而使货币发行在一定程度上与黄金挂钩。这虽然不能百分之百地解决滥发信用货币的问题，但可以发挥一定的牵制作用，对国际金融的稳定有益。这种政策的调整并不是困难重重不能做到，从某种意义上讲，甚至只是对现存法律的部分调整和认可。

思考之二：

出于美元霸权的需要，在推行黄金非货币化的同时，黄金市场的功能在交易标的衍生化的推动下严重异化，使黄金市场也成了美元虚拟经济的一环。今天，我们应对此进行反思。黄金市场资产保值功能的回归与强化，应作为黄金市场发展的原则与目标。这是增强黄金市场对金融市场稳定性作用的需要。

出于快速扩大市场规模（与市场经营者有巨大的利益关联性）而非稳定的目标，市场经营者通常积极鼓励投机者入市，导致交易标的日益虚拟化和杠杆化。今天，虽然我们不禁止投机，但应把对黄金市场投机活动的有效监管列入工作日程。发展必须安全第一，安全不仅是对黄金市场自身而言，还是对整个金融体系而言。但如果被视为国际金融市场体系稳定器的黄金市场也是过度投机的市场，国际金融市场中的"财富安全栖身地"将丧失殆尽。为此应强化黄金实物交割的基础地位。

金融创新使衍生产品日新月异，金融衍生品交易直接拉动了虚拟经济。过去一般认为，虚拟经济对实体经济的发展有促进和保护作用，前者也因此得到肯定。但这次金融海啸为我们展现了虚拟经济对实体经济的负面影响，甚至是破坏性的一面。虚拟经济的神话被打破，人们开始对金融衍生品进行反思。这种反思同样适用于黄金衍生品。今后，对黄金衍生品一定要客观地进行风险评估，应优先发展与黄金及黄金矿业等实体经济密切关联并为之服务的衍生品，而对实为赌博工具的衍生品的上市要从严管理。

总之，黄金市场的发展模式应从扩大规模转向保障稳定。这个转变要通过对交易者构成和交易标的的调整实现，完成黄金市场功能向资产保值的回归，这就是黄金市场调整的方向。

思考之三：

黄金市场不同于证券、货币和股票市场，其交易标的以实物商品为基础，在实物黄金标的基础上又产生了许多衍生物。不同类型的交易标的存在着功能差异。衍生物在增加市场投资性的同时，也增加了市场的风险性，市场监管应使金融衍生物创新不能过分脱离实体经济，要坚持为实体经济服务的原则。不反对投机，但必须抑制过度投机。

我国金融管理实行分业管理体制，美国则是混业管理。曾几何时，学习美国实现金融混业管理的呼声很高，而当美国金融业出现问题以后，对于美国不断放松管制、推进混业经营的质疑声高涨起来。受此影响，我国金融分业管理体制会进一步强化。而黄金产品交易涉及金融市场和商品市场，横跨现货市场和期货市场。跨部门、跨市场的黄金产品交易如何实现统一监管，面临体制性障碍。这是正在制定中的《黄金管理条例》要解决的一个问题。

思考之四：

把藏金于民定为国策，大力积极提倡民间藏金，使黄金成为民众普遍性的储备资产，这是民众实现个人资产保值最简单、最方便、最可靠的投资选择。对此，我们应有战略性思维，在当前和平和发展是主流趋势的大环境中，十分有利于实现藏金于民的目标，这也是一个历史机遇，不可轻易丧失：

我国黄金产量虽逐年增加，但要实现藏金于民必须增加进口。目前，黄金进口无任何障碍，但当世界形势迅速恶化导致形成严重对峙时，黄金立即会被管制禁运。所以，利用目前的有利时机大力推动藏金于民，增加我们民族的黄金沉淀，是前瞻之举。一旦出现极端情况，这些黄金沉淀便可以发挥其他资产不能发挥的作用。

另外，在当前美元危机的情况下，我国巨大的外汇储备不断因美元贬值遭受损失。此时，增加黄金进口实际是替代美元外汇，这不仅可以提高储备资产的安全性，还减少了人民币增发的压力，有利于我国金融稳定。为解决我国外汇储备超常增长的风险，不少专家提出可增加国家的战略物资储备，但只有藏金于民才具有双重好处。

金融海啸使美元霸权的神算破局，使华尔街神坛黯然，使金融至上的神话终结。这时我们才发现，世界并不像教科书上写得那么复杂。生活的真谛就是，拥有实实在在的财富才有真正的安全——拥有黄金便是拥有了安全。这一点不仅经济学大师们告诉了我们，金融海啸更做了证实。让中国人拥有更多的黄金，这是我们努力的目标。

第二部分

黄金储备的时代价值与光辉

多与少是一种辩证的存在，但没有经历过两者转化全过程的人，很难体会到这种辩证的深刻性，如被外汇短缺久久困扰的我国，对外汇的渴求是刻骨铭心的，但是，随着国门的开放和经济的发展，许多人还正沉浸在外汇收入逐年增长的欢欣局面得意的时候，外汇储备超常已成为一个困扰我们的问题，而需大声疾呼要警惕的风险了！

前外汇管理局局长郭树清早在 2005 年两会期间就坦言，我国外汇储备肯定超过了合理水平。外汇管理局副局长李东荣在 2005 年国际收支工作会议上提出，要高度关注"国际收支持续较大顺差式的不平衡"对中国宏观经济的影响。世界银行发布的《2005 年全球发展金融》报告警告，美元贬值而可能会给发展中国家的美元资产带来重大损失，特别提及我国。2008 年美元危机爆发，我国庞大的以美元资产为主体的外汇储备损失成为现实，虽然具体的损失额还没有被官方证实。但央行行长周小川表示：我国外汇管理面临"艰巨挑战"。

在新的形势下，作为国家外汇储备中的重要组成部分——黄金储备又应如何定位？特别是 2008 年在众多国家央行减持黄金储备的情况下，我国增加黄金储备 454 吨，增长幅度高达75.67%，储备总量达 1054 吨，超过荷兰、日本、瑞士，由全球第八位上升到第五位。无论增长数量、增长幅度还是总储量均创我国建国以来历史最高纪录，这是否已达到了黄金储备的历史终极目标，是多还是少，应增还应减，规模如何预期等又都成了当前应研究的热点课题，这也正是我们出版此书的缘起。

一、黄金储备的来世回眸

金本位制是一种货币制度，在这种货币制度中，黄金是国家的基础货币，是国家法定货币价格标准，金本位制诞生于十四五世纪欧洲一些小联邦制国家，但具有世界意义的金本位制是以英国（1816 年）建立金本位制为标志，逐步发展到 20 世纪初才成为世界经济发达国家的主流货币制度。

我国虽然曾长期使用白银作为流通货币，从来没有使用过黄金做流通货币，但金本位制对我国货币制仍有很大的影响力。1935年国民党政府实行了金汇兑本位制，因抗日战争爆发于1938年停止；抗战胜利后的1946年，国民党政府又放开外汇管制，实行黄金自由兑换，强化了黄金的货币职能，但只有不到1年的时间便又宣告失败。但发生在我国的这些事件都已不是严格意义上的金本位制。严格意义上的金本位制有三个基本特征：

1. 金币自由铸造

黄金持有人有权请求国家将金块铸成金币（有的国家要收取一定的费用，但也有的国家是免费的），同时也可将金币熔化为金块。

金币的自由铸造与熔化有利于调节市场货币的流通量，使金币的名义价格与实际价格保持一致：当金币市场价格低于黄金实际价值时，就会有金币持有者将金币送造币厂熔化为金块，而减少流通金币数量，使金币的价值上升，从而与实际价值趋同；当金币市场价格高于黄金实际价值时，就会有更多的金块持有人到造币厂制币，从而增加市场金币的供应量，使金币市场价格下跌，实现金币币值的稳定。

2. 自由流通

金币具有无限法偿能力，可以自由流通支付，虽有法偿能力的辅币和银行票据也在一定范围内使用，并可按面价兑换金币，因此也能代表一定数量的金币流通，但金币是当时的主导性的流通货币。

3. 自由进出口

各国之间贸易需要各国货币之间有一个法定比价，以便进行国际间的贸易结算。实际的外汇市场的行情有时可能高于法定比价，也可能会低于法定比价。但在金本位制中因黄金可自由进出口，而且运输成本很低，具有很好的流动性，所以供求不平衡很快可得到调整，那时黄金外汇价格一般只在 1% 的范围内波动，是比较稳定的。

与金本位制度相配套建立了"黄金储备"制度，这是为了实现金本位制的稳定运行而采取的一项措施，其作用是：

（1）做国际贸易结算支付的准备金。

（2）做调整金币市场流通数量的准备金。

（3）做支付存款和兑换银行票据的准备金。

作为"金准备"的黄金一般是集中存于央行或国库，也就是要建立国家的"黄金储备"。但因在此之前黄金一般都属于私人所有，所以开始时国家并没有多少黄金储备，如发生在 19 世纪初的英法战争，英国政府为了与拿破仑作战，不得不向洛希尔家族借黄金作军费。国家将全球大量黄金集中到国库是随着第一、二次世界大战的前后实行了多年黄金管制的结果。那时国家黄金储备曾占世界黄金总存量的 50% 以上。国家黄金储备经历了一个由少到多的发展过程后，从一定意义上讲，当前世界黄金储备又在减少，当然每一个国家的具体情况不同，而且也有增有减，但从官方世界黄金储备总量看是一个不断减少的趋势，2007 年全球官方黄金储备比 10 年前的 1997 年下降了 10.93%，由 33538 吨下降到了 29873 吨。这是与黄金非货币化相关的问题。

在金本位制时期，黄金是社会上承担流通与支付功能的货币，被人们视为是绝对财富，此时"黄金储备"的时代价值是维护国家货币稳定的手段和国际贸易结算的准备金。

二、世界货币：黄金储备凸显辉煌

20 世纪上半叶，先后发生了两次世界大战，大战期间各国为了筹集军费、应对经济危机而不得不日益加强了对黄金的管制，颁布法令禁止居民自由买卖黄金，严禁黄金自由进出口。这些措施从根本上破坏了以自由铸造、自由流通、自由进出口为基本特征的金本位制的运行基础。另外一些参战国或为了购买军火，或为了偿还战争赔款而大量使用黄金，使这些国家拥有的黄金锐减，从而大大削弱了一些国家金本位制运行的物质基础，最终使这些国家最后不得不放弃了金本位制。

金本位制虽然在20世纪初便宣告瓦解，但之后恢复金本位制的努力从来没有停止过。第一次世界大战结束后，世界资本主义进入了一个相对稳定时期，英国首先开始着手推进恢复金本位制，但是，当时的客观环境条件已发生变化，主要是世界经济的规模扩大，极大地增加了对流通货币数量的需求，而黄金产量的增长受到了资源条件的严重约束，黄金供给就很难满足经济对货币不断扩大的需求，金本位制的恢复面临根本性的困难，因而1925年英国恢复的仅是金块本位制。继英国之后，欧洲的法国、荷兰、比利时、瑞士等经济发达国家也随后实行了金块本位制。金块本位制与金本位制有很大的不同，其特点是：

在金块本位制中，黄金只是用于外贸结算的平衡，而社会流通支付使用的是信用纸币，黄金失去了流通及一般交换的支付功能；信用纸币的发行虽以黄金为基础，具有法定的含金量，但纸币及银行票据都不能随意兑换黄金，只能根据一定用途兑换400盎司的金块。黄金由国家央行集中储藏，禁止个人私藏。

而经济不发达国家实行的是金汇兑本位制，即这些国家将自己的外汇和黄金存入金块本位制国家的央行，这些国家的货币虽有含金量，但货币和银行票据都不能兑换黄金，只能兑换在国外可兑换黄金的外汇支票。

无论是金块本位制，还是金汇兑本位制都是一种残缺的"金本位制"，在这一历史阶段，黄金不再具有国内货币流通与支付的功能，而仅主要保留了世界货币的功能。世界货币的职能：一是作为国际支付的手段，平衡国际贸易收支；二是作为国际间的购买手段，是购买国外商品的"硬通货"；三是社会财富的代表，其流动标志着一个国家财富的增加或减少。

在这一历史时期，虽然黄金的货币职能受到了很大削弱，已不再是流通和支付的手段，价值的尺度也在很大程度上被虚化，但是在这一特定历史条件下因国际贸易迅速发展，交易规模日益扩大，而产生了对世界货币的日益增长的需求，使黄金储备对保证国家外贸支付能力的作用凸显，因而世界各国都要千方百计地增加自己的黄金储备，为此各国普遍实行了黄金管制，加速黄金向国库集中，各国央行不仅是每年世界矿产黄金的主要购买者，而且成为当时世界黄金的最大拥有者。

"黄金储备"是这时期国家最重要的储备资产和国际支付手段，因此"黄金储备"的多少是国家国际支付能力大小和国家贫富高低的标志，与国家的信誉和安危息息相关，所以在这一历史时期"黄金储备"的时代价值是代表了国家拥有的国际货币的多少和社会财富的积累。

三、布雷顿森林国际货币体系

"黄金储备"虽是因金本位制而设计的准备金，但从货币竞争的角度观察，黄金储备的长期存在是因当时没有一种国家发行的纸币是可以被世界公认，能成为各国都接受的国际间结算的硬通货的必然结果。马克思曾指出"货币一越出国内流通领域，便失去了在这一领域获得的价格标准……"而只有黄金具有的内在的永恒价值，可以超越国界为各国接受，成为普遍公认的国际结算工具，黄金储备成为必需。

美国在两次世界大战期间基本上都是在隔岸观火，适时出击，不仅社会生产力没有遭受根本性损失，而且因该出手时就出手而大发战争横财。20世纪初美国已是世界无可争议的第一大经济强国。1913年美国在世界工业生产中的份额已达38%，是英国、德国、法国、日本四大工业强国之和；二战更把美国推向了世界头号经济霸主地位，到二战结束时，仅其黄金储备即高达2.2万吨之巨，占有世界资本主义国家黄金储备总量3/4的份额，大约是当时全世界数千年来的黄金总产量的四成。美国凭借其巨大经济优势和生产竞争力而使其货币——美元成为最为坚挺的硬通货，被称之为"美金"，即与黄金一样坚挺的货币，一时成为各国追逐的目标。因此在世界货币领域中，美元成为了黄金强有力的竞争对手，也就是从此刻起"黄金储备"的时代价值就和美元的时代价值的变化紧紧地联系在了一起。

1944 年第二次世界大战结束前，参加筹建联合国的 44 国，在美国布雷顿森林公园召开了世界货币金融会议，决定成立国际货币基金组织。会议通过了《国际货币基金组织协议》，也就是一般所说的《布雷顿森林协议》。这一协议确定美元是国际贸易结算货币，是对美元强权的条约化和法规化，从此美元成为国际结算的基础和主要的国际储备货币。

《布雷顿森林协议》确立美元取代黄金成为主流的世界货币（硬通货），成为各国外汇储备中的主导性币种。但是又规定美元与黄金挂钩，美元与黄金保持每盎司 35 美元的固定汇兑率，因而黄金是保证布雷顿森林国际货币体系稳定的最后保险。

布雷顿森林国际货币体系实际上是一种金汇兑本位制，在这一货币体系中，一方面美元承担了国际结算的主要功能，成为法定的世界货币，弥补了当时存在的黄金国际清算能力不足的欠缺，从而促进了国际贸易的发展；另一方面建立了以黄金固定价格为基础的固定汇率制，这有利于国际金融体制的稳定，为战后国际贸易、信贷、投资体制的顺利重建创造了有利条件。但是，美元成为国际贸易的中心货币，被赋予了至高权力而成为美国获取经济霸权的工具，因此，必然会引起美国与其他国家的霸权与反霸权的摩擦和斗争，正是这一矛盾的发展动摇了布雷顿森林国际货币体系。

在布雷顿森林货币体系中，黄金虽不再是流通的货币，但仍是各国货币的发行基础，纸币具有法定的含金量，因此，在这一历史时期各国央行和国际货币基金组织的"黄金储备"高达 3.6 万吨之巨。估计在布雷顿森林国际货币体系运行期间，"黄金储备"数量仍一直占世界全部黄金存量的 40% ~ 50%，数量是很大的。布雷顿森林国际货币体系存在于 20 世纪 40 年代中期至 20 世纪 70 年代初，前后有 28 年的历史。

在这一历史时期，"黄金储备"的时代价值是国际货币体系稳定的基础，是实现国际贸易收支平衡的辅助手段。

四、美元霸权与黄金非货币化

进入 20 世纪 60 年代，美国经济恶化：对外贸易出现逆差，并深陷越战泥潭，军费增加，外债增长，美元大量外流，美元面临贬值的巨大压力。当时欧洲已从第二次世界大战的废墟中开始复兴，手中拥有了相当数量的美元，在这种情况下，以法国为代表的一些国家从 1960 年开始抛售美元挤兑黄金。美国只得动用自己的黄金储备稳定固定汇率；后又与英国、法国、联邦德国、瑞士、意大利、荷兰、比利时 7 个国家组成了"黄金总库"，这 8 个国家央行总共拿出了 2.7 亿美元的黄金（约 240 吨黄金），共同稳定金价，平抑市场。但是由于美国经济进一步恶化，到 60 年代后期，其黄金储备已不能抵补短期外债。因此 1967 年、1968 年又相继发生了两次黄金挤兑风潮，对市场干预最后也是以失败告终，而黄金总库也只剩下了 1/8 的黄金。因此，1968 年不得不实行了黄金价格的双轨制即各国央行之间仍以 35 美元/盎司的官价结算，也就是说美国仅对各国央行履行以官价兑黄金的义务，但放弃了对市场的干预，市场黄金价格开始自由浮动。

黄金价格双轨制的出现已表明美国无力维护固定汇率制，布雷顿森林国际货币体制的基础已发生动摇，而 3 年后的 1971 年 8 月 15 日，当时的美国总统尼克松又下令停止了以黄金官价兑换美元。布雷顿森林国际货币体系的基础从此倒塌，而宣告解体。

美国为了维持布雷顿森林国际货币体系也付出了巨大代价。1960 年发生了第一次黄金挤兑风潮，就使美国黄金储备减少了近 30%，由 2.2 万吨减少到了 1.5 万吨左右；又经过 1968 年、1971 年的挤兑黄金风潮之后，美国的黄金储备仅剩下 0.86 万吨，黄金储备已减少了 61%，表明这时美国确实已无维持黄金固定官价的能力了。

美国放弃了布雷顿森林国际货币体系之后，国际货币基金组织开始进行国际货币体系的改革，于 1976 年提出了黄金非货币化的《牙买加协议》，并于 1978 年获得了多数票通过。黄金非货币化协议的内容是：

● 黄金不再是货币平价定值的标准。

● 废除黄金官价，国际货币基金组织不再干预市场，实行黄金市场浮动价。

● 取消必须用黄金与国际货币基金组织往来结算的规定。

● 出售国际货币基金组织 1/6 的黄金储备，用所得利润建立帮助低收入国家的优惠贷款基金。

● 设立特别提款权代替黄金用于会员之间及会员与国际货币基金组织之间的某些支付。

黄金非货币化使国际货币体系的稳定由以黄金作基础，变为了由信用纸币作基础，人类第一次建立了一个不与任何实体商品相联系的国际货币体系。而纸币的信用是以国家经济实力作支撑的，20 世纪 70 年代虽有若干国家从战争的废墟中迅速崛起，如英国、日本、联邦德国已在世界经济的总格局中占有了重要席次，因而英镑、日元、马克也在国际贸易结算中发挥了一定作用，但是美国仍是世界无可争议的"大哥大"，美元的地位无人可比。因而黄金非货币化以后，只有美元仍可以充当最主要的世界货币。当代国际贸易的 70% ~80% 是以美元结算的，所以各国外汇储备中美元占有最大比例。因此从一定意义上讲，国际经济的安危已系美元于一身。在布雷顿森林国际货币体系中，虽然已确定了美元在世界货币体系中的中心地位，但美元是与黄金挂钩的，这种硬性的制约使美元不能无控制地发行。但 1971 年以后，割断了黄金与美元的制度联系，使美国成为世界上唯一一个可用增加信用证券发行量解决自己财政赤字，用输出纸币平衡国际贸易逆差的国家，构筑了一个美元霸权的世界。

黄金非货币化以后的国际货币制度，仍保留了金本位制时的货币单位名称，但纸币已不再有含金量，而变为了国家法律强制流通的信用货币，故当代经济成为了一个信用经济。一个负责任的国家，特别是承担稳定世界经济责任的大国都是十分珍惜自己的信用的，因为信用是一个国家发展的重要财富，美国同样如此。我们不能说美国对黄金非货币化以后的国际货币体系是不负责任的，但一个国家形成制度上的信用强权，凌驾于其他国家信用之上，就是一种制度上的不平等，很容易成为经济利益分配不平等的根源；并且具有很大的潜在危机，一旦美国经济出现问题便会影响到全世界，甚至会导致世界性的经济混乱或衰退。"城门失火，殃及池鱼"，相关国家也便同时遇难，具有很大的不稳定性。

当今是一个美元霸权的时代，如何在美元霸权存在的条件下，维护各国自身的利益，并保持国际货币体系的相对稳定已成为当今各国经济发展的重要课题。美元独大，因而美元风险也就成为了各国共同面对的挑战，这也就成为了我们认识当今黄金储备时代价值的一个新的观察点。

五、黄金储备，弃儿乎？

20世纪70年代国际货币基金组织推行非货币化，割断了黄金与国际货币之间的仅有的联系，黄金在法制层面上已不再是国际贸易的结算辅助工具。现在除极少数国家保持金本位制，本国货币仍有含金量，其货币发行与黄金储备有关外，绝大多数国家的货币早已与黄金脱钩，从而也使黄金储备基本丧失了"金准备"的功能。但是国际货币基金组织推进黄金非货币化时，仅决定出售自己的部分黄金储备，但并未对所剩余的黄金储备及各国官方持有黄金储备的前途作出制度性安排，所以历史遗存的国家黄金储备并没有随着黄金的非货币化的推进而全部进入市场变为一般商品，而是成为央行所持有的金融资产，这一点与白银货币的命运是有所不同的。黄金储备功能变化如图2-1所示。

当代黄金作为一种金融资产的流动性远远低于债券、股票、外汇，而且在世界经济比较稳定的时期，黄金的盈利率也大大低于债券、股票、外汇，而且还要有保管存放的费用。另外，国际贸易支付体系建立在信用基础上以后，黄金的国际结算功能已由

```
┌──────────────┐        ┌──────────────┐
│ 金本位时期   │───────▶│  货币金准备  │
│（19世纪初至  │        └──────────────┘
│ 20世纪初）   │                │
└──────────────┘    ┌───────────┼───────────┐
       │            │           │           │
       │      ┌──────────┐┌──────────┐┌──────────┐
       │      │调整货币流││支付存款及││国际支付结算│
       │      │通的准备金││兑换票据的││的准备金  │
       │      │          ││储备金    ││          │
       │      └──────────┘└──────────┘└──────────┘
       │                                     │
       ▼                                     ▼
┌──────────────┐                     ┌──────────────┐
│残缺金本位时期│                     │  世界货币    │
│（20世纪20年代中期至│                 └──────────────┘
│ 30年代后期） │                             │
└──────────────┘            ┌───────────────┼───────────────┐
       │              ┌──────────┐   ┌──────────┐   ┌──────────┐
       │              │国际贸易结算│  │购买国外商品│  │社会财富  │
       │              │的手段    │   │的支付手段│   │的代表    │
       │              └──────────┘   └──────────┘   └──────────┘
       ▼                                  │
┌──────────────┐                  ┌──────────────┐
│布雷顿森林货币体系时期│            │ 世界货币的基础│
│（20世纪40年代中期至70│            └──────────────┘
│ 年代初期）   │                          │
└──────────────┘       ┌────────────────┼────────────────┐
       │          ┌──────────┐   ┌──────────┐   ┌──────────┐
       │          │国际贸易结算│  │社会财富的代表│ │中心货币的价│
       │          │的辅助手段│   │          │   │值尺度    │
       │          └──────────┘   └──────────┘   └──────────┘
       ▼                              │
┌──────────────┐              ┌──────────────┐
│黄金非货币化时期│            │  金融资产    │
│（20世纪70年代至今）│          └──────────────┘
└──────────────┘                     │
                        ┌────────────┼────────────┐
                   ┌──────────┐ ┌──────────┐ ┌──────────┐
                   │投资标的  │ │储藏财富  │ │国际贸易结算│
                   │          │ │          │ │的最后手段│
                   └──────────┘ └──────────┘ └──────────┘
```

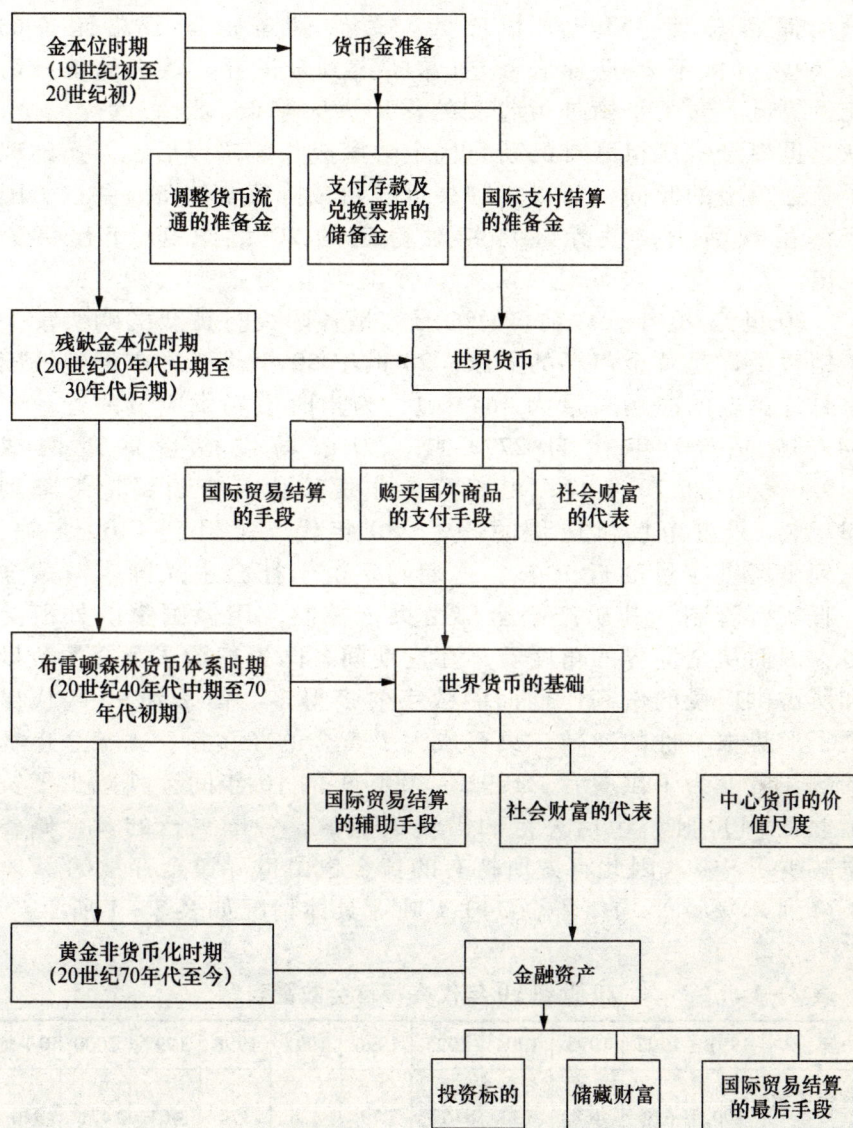

图 2 - 1　黄金储备功能变化

信用货币所取代，因而黄金储备已变为国家外汇储备的从属部分，大多数国家的黄金储备所占外汇储备的比例已在 10% 以下，世界 30 个储金量最多的国家的黄金储备现价总计 6596 亿美元，其他储备总计 45399.7 亿美元,黄金储备占国家总储备的 12.69% (截至 2007 年底)。如果扩大到全世界,黄金储备所占比例更低,对于平衡外贸收支的作用大大降低。因而远离战争,缺乏世界经济危机磨难的新一代金融家成长起来以后,开始出现了疏远黄金的倾向,所以各国央行开始减持黄金储备,并以美国经济呈现活力,世界经济相对稳定的 20 世纪 90 年代更为突出。

20 世纪 90 年代以前,总的形势是各国央行黄金的购买量大于销售量,是黄金市场的买家。20 世纪 50 年代西方市场经济国家总计黄金的净购买量为 4643 吨,为当时市场供应量的近一半 (49.9%);60 年代为 2775 吨,为市场供应量的近两成 (19.6%);到 70 年代,由于黄金非货币化,净购买量下降到 387 吨,只占市场供应量的 3%;80 年代又上升到 1300 多吨,占到市场供应量的近 10%。这期间,由于社会主义国家对黄金一直实行管制,其矿产金全部由央行控制,用做国家的外汇储备,因而从全世界的角度看,在这期间各国央行购买黄金的数量和所占供应量的份额比上面的数字要多得多。但是到 90 年代出现了形势根本性的逆转。央行成为了黄金的净卖家,由黄金市场的购买者变为了供应者。1991~2000 年的 10 年间,其减少了黄金储备 3400 吨,包括央行的借贷黄金量,各国央行的黄金储备量减少了 9%。因此官方所持有的黄金也由世界黄金存量的 37% 下降到 21%,平均年售金 340.1 吨。具体情况如表 2-1 所示。

表 2-1　　　　　20 世纪 90 年代央行售金数量表

年份	1991	1992	1993	1994	1995	1996	1997	1998	1999	2000	年平均
售金数量(吨)	100	622	468	130	167	279	326	374	464	471	340
占当年供应份额(%)	3.2	17.8	13.5	3.9	4.6	7.9	7.7	9.1	11.2	11.9	9.1

资料来源:《黄金年鉴 2001》,黄金服务有限公司出版。

进入 21 世纪，央行售金有进一步加快的趋势，2001 年售金527 吨、2002 年 545 吨、2003 年 617 吨、2004 年 478 吨、2005年 679 吨、2006 年 328 吨、2007 年 481 吨，7 年平均年售金459.47 吨，年均占供应量的 13.04%，年均售金量比 20 世纪 90年代的 340.1 吨，增长了 35.1%。所以无论是年均售金水平，还是在供应量中的份额都比 20 世纪 90 年代有很大的提高。由于央行的持续售金，黄金储备的数量不断减少，20 世纪 70 年代末官方黄金储备量为 3.67 万吨，而到 2007 年仅为 2.99 万吨，下降了18.5%，占世界黄金存量的比例为 18.57%，较 20 世纪 90 年代又下降了两个多百分点，而且停止下降趋势的前景今天还没有看到。面对各国央行持续不断地出售"黄金储备"的行为，使人产生了更多的联想：黄金储备是否已失去了时代的价值，而最终会被央行所抛弃？央行加快售金是否意味着已开始了这一进程呢？

黄金储备，弃儿乎？

六、新时代的新支点

如果从传统的金本位制的观点看，当今黄金已不具有货币的主要功能，金币不再能用于流通支付，因而黄金储备的金准备功能已丧失。虽然当今人们对金本位制仍有眷顾，但无奈落花流水春已去，时光不能倒流，金本位制的恢复前景即使在当前美元处于严重危机并导致了全球性经济萎缩的严重情况下仍遥遥无期，如此看来作为金准备的黄金储备的意义尽失。

如果从传统的金块本位制的观点看，当今黄金储备占外汇储备中的比例已由主体变为从属。在被美元淹没的国际贸易体系中，即使黄金仍是被国际公认的支付手段，那也仅是一种十分微弱的力量，不足以有全局性的影响力。以亚洲经济实力最强的中、日、韩为例：2004 年日本黄金储备仅占外汇储备的 1.3%，我国高一点，为 1.4%，韩国仅为 0.14%，具体如表 2 - 2 所示。

如此低的黄金储备比例额度实在是势单力薄，要有大的作为是不现实的，似乎黄金储备已可有可无。

如果从布雷顿森林货币体系的观点看，黄金的非货币化，使黄金已在制度的层面上割断了与国际货币体系的联系，不再是国际货币制度构筑的基础，因此取消黄金储备是一个必然要发生的过程。

表 2 - 2　　　　　　　中、日、韩黄金储备份额表

国别	外汇储备（亿美元）	其中					
		国外债券及票据（亿美元）	所占份额（%）	外汇现金（亿美元）	所占份额（%）	黄金储备（亿美元）	所占份额（%）
中国	6099					84	1.38
日本	8445	7089.0	83.9	1248.7	14.8	107.8	1.3
韩国	1991	1738.4	87.3	249.8	12.6	2.8	0.14

注：日本有关资料来源于 2005 年 1 月 31 日《环球时报》第七版；韩国有关资料来源于 2005 年 2 月 3 日《经济日报》第七版；中国有关资源来源于《黄金年鉴 2007》。

或许有了众多否定黄金储备的理由，但对黄金储备不时发出否定之声的同时，当今发生的另外一些事件，也必须引起人们的关注：

（1）在黄金商品属性回归的大潮中，1999 年诞生的欧元货币体系，明确在欧元储备资产中黄金是一个必要的组成部分，占有 15% 的份额。

（2）在央行不断地抛售黄金的浪潮中，欧洲央行和其他 15 个欧洲国家央行联合组成了联盟，对自己的售金行为进行规范和控制，在 1999 年和 2003 年先后达成的两份售金协议中都重申："黄金是重要的金融资产"。

（3）在黄金非货币化的潮流中，各国并没有因此而取消黄金储备，全球仍有 100 多个国家拥有数量不同的黄金储备，到 2007 年黄金储备总量仍高达 2.99 万吨，占世界数千年黄金存量的近 19%。也就是说世界多数国家都保有黄金储备。

（4）美国拥有世界最多的黄金储备，总数量为 8134 吨，全球第一，为 2007 年底美国外汇总储备的 78.55%，这一比例在世界各国中也是最高的。黄金非货币化是美国主导的，但黄金非货币化 30 多年的推进后，美国却没有减少任何黄金储备，显然是留了一手，这是十分耐人寻味的。

我们从市场上得到的信息似乎是矛盾的，要认识这种矛盾的经济现象的本质内涵，要从当今的国际经济结构分析入手：

当今国际货币体系是建立在信用货币的基础之上的，是一种信用经济，而美元信用产品更占据世界霸主地位。据报道 2001 年美国发行 7.8 万美元，仅有不到 8%（6000 多亿美元）在国内流通，其余都被其他国家的央行、机构、企业和个人储存起来了；到 2002 年 3 月美国国债的境外持有量高达 1.25 万亿美元。可以想见美元信用一旦出现问题将会给世界其他国家带来何等影响！如果美元贬值将会使世界各国的储备资产缩水，尤其是与美国经济关联度大、本国货币与美元挂钩的国家受到的冲击会更大，我国就是首当其冲的国家之一。

以上的担心并非杞人忧天，这已在很大程度上变为了现实，请看 21 世纪以来已发生的事实：2004 年美国财政赤字高达 4130 亿美元，国际经常项目收支赤字超过了 6600 亿美元，而且这种双赤字的出现并非偶然现象，是持续的过程而且有加剧的趋势。这是因美国是消费拉动型经济，消费对国内经济的增长影响巨大，所以消费不能萎缩，但美国人储蓄率很低，因而只能借钱消费，故在可预期的时间内美国双赤字的问题很难得到解决。根据美国高盛公司经济学专家计算，到 2020 年美国的净外债将增加到占美国 GDP 的 60% 以上。在双赤字的压力下，从 2002 年开始美元已持续 3 年贬值。在这 3 年中美元的贸易加权汇率下跌了 15%，对日元下跌了 24%，对欧元下跌了 35%。美元的贬值立即使各国的外汇储备大量缩水，损失巨大，而且美元下跌态势仍在持续，各国外汇储备损失仍在发生。英国《经济学家》载文称，美元贬值幅度达到或超过 40%，那将成为有史以来最大的一次"债务违约"。通过美元贬值使美国的债务负担在很大程度上转移给其他美元和美元票据的购买者。这种悲观的预言很快变成了活生生的现实。美国于 2007 年发生的次贷危机到 2008 年引爆了全球性的金融海啸，美元严重贬值，日本财务大臣额贺福志郎表示，日本外汇储备因此已损失 18.5 万亿日元，折合 1872 亿美元，我国有专家估计，因此我国外汇储备一个多月就因汇损而蒸发了约 300 亿美元。于是美元在国际货币体系中的中心地位受到了越来越大的质疑，这也表明以美元为中心货币的国际货币体系的脆弱性。

面对现实的美元贬值风险的压力，为规避美元汇持续下跌产生的损失，各国中央银行开始减少美元资产的储备。据英国《经济学家》杂志 2004 年 9～12 月间对全球 65% 的央行调查，这些央行大约控制着 1.7 万亿美元资产，在 2000～2004 年美元资产平均占总资产的 66%，将减少到 20%。美元资产降低，欧元资产将提高。据国际货币基金组织的统计，1999 年欧元在世界货币储备中的份额是 13.5%，到 2003 年上升到 19.5%。近期在瑞士达沃斯年会上美国有"股神"之称的投资家巴菲特和世界首富比尔·盖茨都明确表示，要减持美元资产。但是无论是欧元，还是美元都是信用纸币，美国一国的货币出现问题，可以通过增加其他币种的储备，减少美元储备的风险损失，但如果出现世界性经济危机，这些信用纸币的走势都是同一方向的，因此这种多币种储备也并不能完全规避货币危机风险。发生在 2008 年的全球性的金融危机，虽是由美元危机引起的，但欧元、日元区也引起连锁反应，都陷入货币贬值、经济衰退的泥潭，这场危机不仅是对美元，而是对整个信用货币体系提出了挑战。

于是，如何建立一个超越国家主权的国际货币就成了人类思考和追求的目标，具有货币天然属性的黄金是完全符合人类的这个追求目标的，从现实看：只有黄金具有自身内在价值，不会受信用额度发行者的信用波动的影响。当信用纸币贬值时，黄金价格就会上扬，使黄金储备升值就可以减少或弥补信用资产的贬值损失，因而增加和保持黄金储备能够化解和减少资产储备风险。这种避险保值功能往往会在政治形势紧张或经济动荡时发挥出重要作用。近年来美元疲软使世界各国愁云密布之时，金价逆势而上，黄金保值功能凸显就是一个明证。另外，黄金因为具有内在价值，并不是由国家政权强制性赋予，所以黄金的价值不会因政权的更替而变化，因而黄金储备可以给人以最大的安全性。黄金还有一个优势是具有世界价格、世界性交易，因而具有最好的流动性和变现性，是某些特定条件下唯一的最好支付手段。这也正是黄金非货币化始作俑者的美国始终保持大量黄金储备而按兵不动的原因吧！因此在资产储备中保持必要的黄金储备是十分必要的。

再分析各国央行抛售黄金的原因：或为了调整资产储备结构，而减少黄金所占比例；或者出于特定的需要，出售储备黄金；或为了盈利而暂时出售黄金储备，而在合适的价位时再购进黄金。真正宣布取消黄金储备的国家还没有，没有黄金储备的国家也是少数，而且同时也有一些国家在逐步增加黄金储备，因而我们得出的结论是：黄金储备量会有所变化，甚至在一段时间里持续下降，但在可以预见的未来，仍是国家外汇储藏的选择，黄金储备仍具有恒久的价值而闪烁着时代的光辉。正如大经济学家凯恩斯所指出的那样："黄金在我们制度中具有重要的作用，它作为最后的卫兵和紧急需要时的储备金，还没有任何其他的东西可以取代它。"

当代黄金储备的时代价值，就是它是实现国家储备资产保值和提高安全性的有效手段，尤其是在一些特殊情况下这一价值的表现尤为突出。这也就是当今黄金储备存在必要性的新的经济支撑点。

七、我国的黄金储备及功能演变

在人类社会建立黄金储备制度的 200 多年的历史中，在不同的历史阶段，黄金储备的社会功能是有所变化和差异的。以国际货币制度体系为坐标，我国黄金储备经历了两个历史阶段：1949 年新中国成立时恰是布雷顿森林国际货币体系阶段，黄金是这一国际货币体系的运行基础，美元是国际支付结算手段，但美元以固定比价与黄金挂钩。之后又进入了 20 世纪 70 年代之后的国际黄金非货币化时期。在这一历史时期的国际货币体系中，是以强势信用货币为国际贸易结算支付手段，而其中美元又占据了 60% 以上的份额。黄金与美元脱钩后，黄金在国际货币体系中已成为一种辅助性的支付手段。国际货币制度的变化对我国黄金储备的功能有着直接而重要的影响，功能的调整与国际货币体系变化具有趋同性,但是也受我国自身经济条件的影响而具有特殊性。国际市场趋同性表现为黄金由国家管理变为开放;黄金由外贸主导性结算支付手段转变为辅助性手段;黄金在外汇储备中由主导部分变为从属部分,这些都是与国际货币制度的调整变化相一致的。而特殊性是表现在这些变化和国际货币制度的变化存在不同步性,总的表现是滞后。

早在新中国尚未建立的 1949 年 4 月,华北解放区就颁发了黄金管制的法令,其他解放区纷纷效仿,严禁一切金银带出解放区,不得私自买卖,这时已确定了黄金管制政策的雏形。新中国成立后的第二年,1950 年中国人民银行便宣布冻结民间金银买卖,由人民银行经营管理,统一买卖。这样做主要是着眼于黄金的外汇功能,从新中国成立之日起就把建立国家黄金储备置于了优先考虑的地位并全力推进。为此,我国政府对黄金生产、回收到黄金产品的销售进行了国家高度垄断的计划管理,一直延续到 2002 年,长达 53 年之久。在这半个多世纪的历史时期中,中国人民银行从法规层面控制了当时全部的黄金社会资源,不仅是每年的矿产黄金,而且还包括了社会的回收金。因此,人民银行所控制的黄金数量应大大高于正式公布的黄金储备数量。因为人民银行掌握的所有黄金都是国家的资产储备,都应归于黄金储备的范畴,可能只是内部账户不同而已。故在这一历史时期的黄金储备的概念与国际通行的一般概念有所不同,相对要广泛得多。

从宏观政策环境看,我国黄金储备经历了黄金管制与开放两个不同的历史时期,而黄金储备的功能演变经历了 3 个不同阶段:

1. 外汇功能主导的历史时期 (1949 ~ 1981 年)

由于西方阵营对我国的经济封锁,外汇极度短缺,创汇渠道又很少,所以黄金在一个长时期内都是国家用于对外贸易创汇,被国家视为硬通货。在 1958 年"大跃进"受挫以及 20 世纪 60 年代 3 年困难时期、70 年代唐山大地震之后,国家都曾动用大量黄金储备,在国际市场上换汇,支付物资进口之需。并且我国外汇储备是在黄金储备的基础上建立的,构成了国家外汇储备中主体组成部分,改革开放前的 1969 ~ 1978 年的 10 年间,黄金储备占外汇总储备中的份额平均为 60.5%，最高年份达到 84.4%。黄金储备曾为我国社会主义建设和国家安全作出过不可替代的贡献，受到了国家的高度重视。在这个时期我国黄金储备的时代价值是国家拥有的最主要的"硬通货"。黄金在国家外汇支付中的作用大约相当于国际上的金块本位制时期。

2. 商品功能主导的历史时期 (1982~2002 年)

以 1982 年我国恢复黄金首饰供应为标志，我国黄金储备不再是完全作为外汇储备使用，而由外需为主转变为内需为主。其转变的经济背景是：由于当时国际政治格局的变化和我国改革开放政策的推行，国际贸易的外汇压力有所缓和，外汇储备突破了百亿美元，比 1981 年增长了 133%，上了一个新的台阶。而当时国内出现了较严重通胀，为了抑制通胀，回笼货币，国务院批准在国内市场投放黄金首饰，我国的黄金开始被用于国内的商品生产。起步投放黄金的数量并不大，但逐步增加。到 20 世纪 90 年代我国已成为仅次于印度、美国的世界第三大黄金首饰消费国，黄金的商品需求大增，致使在这一历史时期绝大部分的新增矿产黄金和回收金都用于了金饰品加工，变为金饰品在国内销售，每年平均配售的黄金超过了百吨之巨。而用于对外支付创汇的黄金储备数量长期保持在 1267 万盎司（395 吨）的水平，到 21 世纪的 2001 年才增长到 500 吨。另外，黄金储备在外汇储备中的比例逐年降低：1979 年为 64.4%，而到 1989 年已下降到 22.1%，再到 1999 年更下降到 2.4% 左右，而到 2007 年只有 1% 多一点。30 年时间黄金储备已由外汇储备中的主体部分变为从属部分。可见在这一历史时期，我国黄金储备的功能已有很大的调整，黄金储备对外支付的外汇功能的重要性已大大减弱，因此我国储备黄金主要转向稳定国内经济，加速回笼货币、抑制通胀、活跃国内商品市场。这表明，在我国虽然黄金管理并未解除，但已出现了明显的黄金非货币化趋势，这也是导致我国推进黄金市场化改革的根本原因。

3. 资产功能主导的历史时期（2002 年 10 月至今）

2002 年 10 月 30 日上海黄金交易所正式运行，也标志着长达半个世纪之久的黄金管理的解除，中国人民银行从此退出了商品黄金市场交易，其职能回归于国家外汇黄金储备管理，由此我国的黄金储备也得以实现了从平衡国内货币发行，抑制通胀向平衡国际贸易支付能力功能的回归。这是一个黄金储备的新时期，在这一历史时期的黄金储备数量又有了增长，2003 年达到了 600 吨，2008 年又达到了 1054 吨，但在外汇储备中的比例仍下降到不足 2%。与我国当前的内外贸易规模比较，无论是用于平衡外贸收支，还是回笼货币，或平抑通胀，虽功能犹存，但都难做"主力军"。其时代价值与国际上各国黄金储备的作用趋同，主要是减少储备资产风险，增加国家储备资产的安全性。黄金储备的时代价值，证明了黄金储备的合理性和必要性，但黄金储备的数量多少没有量的规定，而是根据多个条件的一个现实的选择——当代黄金储备的多与少已不是一个纯数量概念，而是在当前这个大时代背景中的一个相对概念：既不是多多益善，也不是储备无用。

八、我国黄金储备的多与少

随着黄金储备社会功能的调整和外汇支付地位弱化，以及受国际上央行减持黄金储备的影响，对于当今我国黄金储备的调整原则也引起了人们的思考和讨论，我国黄金储备是多还是少呢？

在过去数十年中短缺是我国外汇储备面临的主要矛盾，千方百计地增加外汇储备（包括黄金储备）是面临的主要任务，为提高增加黄金储备的能力，国务院曾成立了专门的黄金生产领导小组，把增产黄金作为各级政府的一项重要工作来抓，并采取了多种优惠政策刺激黄金工业的发展。在"文化大革命"以前，我们这么大的一个国家，外汇储备最多年份（1978 年）仅有 24

亿美元，少时才有 2 亿多美元，而且对黄金高度依赖，黄金是外汇储备中的最主要的部分。1973 年高达 91%，1969～1978 年的 10 年间平均份额为 60.45%。新中国成立以来我国黄金储备已由 20 世纪 60 年代的不足百吨，增长到 1054 吨，增幅 1109.5%。现在的问题是，在目前新的形势下，这个储备水平是多还是少，今后应增加还是减少。

在布雷顿森林国际货币体系时期，黄金是货币发行的基础和国际贸易支付手段，因而黄金储备数量水平可根据货币发行量和国际贸易规模需要来确定。而今天黄金储备主要着眼于增加国家储备资产的安全性，黄金储备并没有一个统一的评定标准，目前各国储备数量相差悬殊，2007 年美国黄金储备占总外汇储备的 78.55%，德国、法国、意大利、荷兰、葡萄牙、希腊都占到了 50% 以上，但一些国家的比例很低，甚至不足 1%。从数量看，美国以 8134 吨居世界第一位，全球超过千吨的国家有 6 个，百吨以上的国家有 20 个左右，而多数国家只有数吨、数百公斤，个别国家甚至没有黄金储备。但是，虽然情况差异很大，仍有分析这个问题的思考原则：

1. 黄金储备的数量规模是一个与国家外贸规模有关的问题

一般来说，一个国家和地区的外贸规模大，对外依存度高，黄金储备的数量也应更多。但是现实存在着一个巨大的反差：老的以贸易立国起家的国家都保持着很高的黄金储备比例，如欧洲老牌贸易强国荷兰、西班牙、葡萄牙、英国 2007 年底的黄金储备占外汇储备总量的比例，分别为 61.86%、36.9%、89.05% 和 14.53%。而 20 世纪 70 年代兴起的亚洲"四小龙"新加坡、韩国、中国香港特区、中国台湾，同样是外向型经济，对外贸易在经济发展中占有重要地位，但这"四小龙"的黄金储备分别仅占总外汇的 2%、0.14%、0.03% 和 2.2%。

从黄金储备与外贸规模相关的观点看，新兴经济体的黄金储备很低并不是合理的。最为典型的案例发生在 1997 年底的韩国，亚洲金融危机爆发，韩国货币大幅贬值，国际收支出现了大量赤字，为此韩国掀起献金救国运动，百姓献出自己的黄金制品出口换汇，结果来年一季度便实现外汇盈余，其中一半以上是黄金的贡献，事后人们反思对韩国过低的黄金储备提出了质疑，由此也印证了黄金储备的时代价值。

出现这种反差的原因主要有两个：

（1）黄金是一种人类的财富，黄金储备就是人类财富的积累，这是一个渐进的过程。欧洲一些老牌贸易强国也经历了一二百年的积累过程，因而形成了较多的存量黄金，而亚洲这些新兴经济体的发展仅有二三十年的历史，黄金财富积累自然比较少。

（2）过去黄金储备是由国家垄断，表现为国家拥有，所以欧洲一些老牌贸易强国的黄金大量进入了国家储备。而当今不少国家已在政策上做了调整——变国储为民藏，向民众开放黄金市场，鼓励藏金于民。在这些国家和地区的实际拥有的黄金储备可能在增加，但在国家储备中并不显示，因为大多是民众所拥有。

因而这个反差的存在虽是一个发展过程的反应，有一定的合理性，但绝不是新型经济体所追求的最佳状态，而是需要新型经济体不断地努力消除这种差距，1995年新加坡的黄金储备是零，而10年后的今天已有超百吨的黄金储备量，表明这种努力已经开始。

我国作为亚洲的新兴经济大国，对外依存度已高达40%，外贸规模已居世界第三位，出于经济发展和外贸支付安全的需要，黄金储备是必需的，但是我国黄金储备虽然超千吨，居世界第五位，但仅占总外汇储备的比例不足2%，不要说比传统外贸国低了很多，在亚洲新型经济体中比较也不是高水平，因而我国黄金储备还有一定增长的必要与可能。目前，1045吨的黄金储备并不多。

2. 黄金储备数量规模是一个与国家经济发展有关的问题

从一定意义上讲黄金储备是一个国家财富积累与富裕程度的标志。黄金储备需要占用资金，增加黄金储备就要增加资金的占用，一些国家即使需要增加黄金储备，但没有经济能力增加，也只能是一种希望而已，当今经济发达或历史财富积累丰厚的国家，一般都有较多的黄金储备，占储备资产的比例也较高。欧洲是近代经济发达地区，因而也是当今黄金储备最丰厚的地区，所拥有的黄金占世界黄金总量的四成以上。美国是当今经济最发达和富有的国家，也是黄金储备最多的国家。相反非洲和拉丁美洲在历史上曾是黄金的主要生产地，因当代经济的相对落后，使黄金大量流出，却成了黄金储备相对低水平的地区。亚洲近年经济发展势头很好，因此也成为当今黄金交易最为活跃的地区，世界黄金需求量最多的国家中，前四名亚洲占据了三席，即印度、土耳其和中国。

我国长期经济落后，外汇短缺，黄金储备所占比重虽然很高，但数量不多，经过 30 年的改革开放，已发生翻天覆地的变化。我们拥有了世界第一大规模的外汇储备，世界第三大外贸规模和世界第三大制造业产能，可以说已进入了当今世界主要经济国家行列，因而也应拥有与之相匹配的黄金储备规模。但与世界主要经济国家比较，我国的黄金储备量仍偏低。

当今美国、德国、法国、意大利、日本、英国、加拿大、俄罗斯 8G 集团被视为最富有的国家。我国和印度被视为最大的新兴国家。这 10 个国家 2007 年黄金储备的水平如表 2 – 3 所示。

表 2 – 3

国别	美国	德国	法国	意大利	日本	英国	加拿大	俄罗斯	印度	中国
黄金储备量（吨）	8134	3417	2603	2452	765	621	26.8	450	358	600
占总外汇储备比重（%）	78.55	67.39	60.04	69.84	2.1	14.53	0.8	2.5	3.47	1.04

资料来源：《黄金年鉴 2008》。

在这 10 个主要经济国家中，2007 年我国黄金储备的数量居第六位，占总外汇储备的份额居第九位。到 2008 年我国外汇储备进一步超常增长，年底已接近 2 万亿美元，但黄金储备量虽大幅增长了 75.7%，数量可居第五位，但所占外汇储备总量的比例基本上在 1.3% 左右。我国黄金储备在外汇储备中的所占比重在主要经济国家中是偏低的。与世界主要经济国家比较也可以看到，我国的黄金储备仍有进一步增长的必要与可能。

3. 黄金储备的数量规模是一个与外汇储备规模有关的问题

一般情况是外汇储备规模增大，其国家外贸支付能力增加，从而可以提高国家信用，但外汇规模扩大，风险也会随之增大，为了增加外汇储备的安全性而会相应增加黄金储备，这也是储备资产多元化的一种选择。

黄金储备曾是我国外汇储备的主体，平均占有六成以上的份额。这是当时我国创汇能力低，出口渠道狭小造成的结果，这并不是一个正常的状态。随着我国改革开放事业的全面推进，这种情况有了根本的变化，创汇能力有了很大的提高。

1979 年我国拥有外汇储备 21.54 亿美元，10 年后到 1989 年增长到 170.22 亿美元，7 年增长了 6.9 倍，净增长 148.68 亿美元；再一个 10 年到 1999 年更增加到了 1450 亿美元，是 1979 年的 67.3 倍，10 年净增了 1279.78 亿美元，是前 10 年净增额的 8.61 倍。进入 21 世纪增速更是惊人，2001～2004 年的 4 年即增加了 4443.25 亿美元，是 1979～2000 年 22 年增加额的 2.72 倍。到 2004 年底我国外汇储备已高达 6099 亿美元，是 1979 年的 283.15 倍。2005 年外贸顺差将超千亿美元，外汇储备突破 8000 亿美元，2006 年突破了 1 万亿美元，2008 年底已达 1.95 万亿美元。在此期间，我国的黄金储备虽也在增长，由 395 吨增长到 1054 吨，增长了 2.67 倍，但这远远低于外汇储备的增长，因而黄金储备在外汇储备总量中的份额不断下降，2004 年仅为 1.4%，2008 年因黄金储量大增，但也仅占外汇储备总量的 1.5% 左右，这显然太低了。黄金储备的增长与美元资产的增长相差过分悬殊，对提高外汇储备安全性不利，适当提高黄金储备的比重，增加黄金储备量是完全必要的。

通过以上各方面的比较分析，表明我国黄金储备今后仍有增加的必要性。未来增加黄金储备的规模是要受外汇储备量的变化的制约，从黄金储备在外汇储备中的比重看，以 3% 为短期目标，6% 为长期目标或许是一个稳妥的选择。具体的储备目标是近期突破两千吨。如果达到这个水平，虽仍居世界第五位，但对我们自身来说是又完成了一次飞跃。此后，再根据国际经济贸易环境的实际情况，确定未来的黄金储备政策调整的走向。

九、让黄金储备动起来

当代黄金储备管理，一是要解决储备数量问题；二是要发挥其最大的效益功能，让黄金储备动起来。

黄金储备是国家用于应付出现的特殊情况的储备资产，是用于应急而不是日常的经济需要。在我国的历史上，黄金储备都是发生天灾人祸的情况下才动用的。如我国 1960 年发生自然灾害，1976 年发生唐山大地震后，都曾动用黄金储备用于进口物资，以供国内急需。1985 年国家通货膨胀严重，也曾向国内市场投放黄金，以回笼货币，制止通胀。正是由于黄金储备承担这样特殊的社会功能，所以黄金储备的稳定和安全性是十分重要的，但是在保证稳定和安全性前提下实现黄金储备的流动性也是一个重要的追求指标。这是因为：

1. 提高黄金储备效益的需要

黄金储备也需要占用大量资金，形成资金的沉淀，另外还需要保管、运输费用支出，这也就是黄金储备所需的成本。为了保证社会经济大局的稳定和国家应急能力，这样的成本支出是必要和必需的，但是用最小的成本代价满足稳定和应急的需求也是必要和必需的，而适当增加黄金储备的流动性是降低成本、提高效益的有效手段，具体的途径是：

（1）利用金价升跌变化，适度灵活地调整黄金储备的增减，通过流动性适度盈利。

（2）部分黄金储备在安全的前提下，进入黄金借贷市场，收取借贷利息，增加黄金储备的收益性。

在国际市场上，央行是黄金借贷的主要力量，每年各国央行提供黄金借贷头寸甚至远远超过了实金的交易量。2000年贷金量高达4815吨，近年来虽不断下跌，到2007年仍有近2000多吨，相当于这一年黄金实物交割总量的50%和当年矿产金的80%。可见黄金借贷市场是与黄金交易市场几乎旗鼓相当的市场，但在我国这个市场尚待发育。

2. 黄金市场发展的需要

增加黄金储备的流动性不仅是其自身提高效益的需要，更是黄金市场发展的需要。2002年10月30日，上海黄金交易所运行，我国黄金交易方式实现了由计划分配体制向市场交易体制的转变，同时使交易者开始直面市场价格风险，因而转移和分散价格风险开始成为交易者的迫切需求，而在黄金管制的工作体制中这一需求基本上是可以被忽略的，但在市场开放的环境中，规避价格风险甚至成为黄金企业生存的基本条件之一，具有了越来越重要的地位。因而对黄金市场的规避价格风险的功能发育提出了更高的要求，并成为当前我国黄金市场亟待解决的课题。

黄金市场规避价格风险功能的发育完善，一是要完善市场制度，控制和防止黄金交易过程中的内部风险，将价格风险控制在入市交易者大多数可承受的范围之内，目的是防止价格风险造成市场全局性崩溃；二是根据规避价格风险的要求设计推出新的交易产品。国际市场上的实金加工者用金主要是借金，而不是购金。而黄金生产者每年相当大比例的产量是以提前销售合约出售的，目的都是规避未来可能出现的价格风险，但是无论是借金，还是提前销售，其合约头寸都是由央行的贷金形成的，是黄金储备的流动性支持了黄金借贷和提前销售合约市场。因而如果没有黄金储备的流动性，许多黄金避险产品就不能运作，规避价格风险的工具就不能发挥效用，黄金市场的功能也会受到极大局限。

目前，上海黄金交易所是一个现货即期交易市场，为了增加市场规避价格风险功能，在市场制度建设和产品研发上做了大量工作；上海期货交易所黄金期货也上线交易，也为规避价格风险提供了一个新选择。但是，交易者主要还是依据各自对金价预期判断决策自己的交易与投资行为，而对于未来金价预期存在不确定性，这便意味着价格风险仍然存在，甚至会形成赌博效应，制造更大风险，要使规避价格风险机制建立在实实在在的交易基础上，而不是对赌。也只有黄金储备具有了适度的流动性，形成了黄金借贷市场，市场规避价格风险才有了坚实的物质基础。

近来黄金投资市场的发展已成为社会上的关注热点。黄金投资归根到底是以黄金为标的的资金流转过程，市场交易的过程往往表现为资金的流转，但不等于可以脱离黄金实物而成为单一的货币流转过程，因为最终还要回归到黄金的交割。黄金的提供者有个人投资者，但央行是最多金条的持有者，拥有最多的黄金标的，所以没有黄金储备的流动性，对黄金投资市场的交易标的的供应数量就会有很大的影响，而难以迅速发展。

目前，我国黄金储备的流动性不足已在多方面对我国黄金市场产生制约，成为一个亟待解决的问题。但是目前并没有引起足够的重视，讨论也尚未在更广、更深的层面上展开，这需要有关人士付出更多的努力！

3. 实现外汇储备最佳结构的需要

当今的国家外汇储备是多种货币和黄金的组合体。在当今美元独大的世界经济体系中美元占有货币储备中的最大份额是普遍性的存在，但其他货币如日元、欧元及一些地区性强势货币也占有一定比例；在这些货币储备中一部分是现金，还有一部分是国家债券，因而外汇储备不仅有一个规模问题，而且还有一个各种储备资产的比例结构问题。

外汇储备的比例选择与世界外贸经济总格局有关，同时也与各国自身对外贸易的结构有关，要根据以上两个方面的具体情况合理地确定储备资产的比例结构，合理的也就是最佳的。但是由于情况是不断变化的，所以最佳的结构并不是固定不变的，而是需要经常调整，在动态中不断实现最佳，因而黄金储备也应根据不断变化的情况进行调整，所以黄金储备的流动性是实现外汇储备比例最佳的手段和途径。

黄金储备一般应随外汇储备的规模增减而增减，但因外汇储备最佳结构的要求，黄金储备与外汇储备规模的变化并不同步。如欧洲一些国家近年陆续抛售黄金储备，是减少了黄金在外汇储备中的所占份额，而不是外汇储备总量减少所导致的，同期也有的国家因调整黄金储备的所占比例，而使黄金储备量增长，如葡萄牙 1993 年外汇储备为 158.4 亿美元，到 2002 年下降 111.8 亿美元，减少了 29.4%，但黄金储备却由 500 吨上调到 592 吨，增长了 18.4%。这种增减调整是根据宏观经济环境变化而做出的必要反映，是合理和必须的，因而黄金储备一定要动起来。我国的情况是黄金储备也有多次调整，20 世纪 60 年代黄金储备由 500 万两大幅减少到了 300 万两（95 吨左右），而此后一直是呈增长的趋势，由 156 吨增长到 1054 吨，虽增长了近 5.8 倍，但所占比例却由 50% 以上下降至 1% 左右，所占比例很低，与我国经济高速发展而对金融安全更高要求不尽合理，因而还有增长的必要性。

今天，我们呼吁要让我国黄金储备动起来，并不是说过去没有流动性，而是说这种流动性与今天的需要相比已远远不够。过去我们进行黄金储备的调整和动用，是特殊情况下在一种高度机密的状态下进行的，而今后更多的是使用市场机制完成调整过程，并且要经常化、法制化，因而必要的透明度是必需的。1999 年英国开始减持储备黄金，因缺少市场运作的透明度对市场造成了极大的打压力，而受到广泛的批评，最终选择了市场拍卖方式售金，把售金过程透明化。并且导致了 1999 年 10 月欧洲央行和欧洲 14 国央行联合签署了华盛顿售金协议，对之后 5 年间的央行售金做出了规范和自律，2004 年又签订第二个有效期 5 年的售金协议，使央行售金的信息透明、售金的行为规范是各国央行对市场的一种负责任的态度。

总之，黄金储备的流动性应建立在法制的基础之上，2005 年"两会"期间，人大代表提出了制定我国外汇储备资金管理条例的建议，是很有意义的，我们衷心地欢迎这部专业法规的出台和实施。

第三部分

藏金于民黄金投资流行时

进入新世纪，随着我国黄金市场化的加快，黄金投资（炒金）成为媒体反复炒作的热点，但是直到今天，通过对我国黄金消费者消费调查的结果显示：90％以上的消费者购买黄金的目的是储藏，仅有不足10％的消费者是以投资盈利为目的。可以说，藏金是当前黄金投资流行时，是民众黄金投资的首选形式。因而黄金从国家的战略储备到民众的财富收藏所走过的历史足迹，以及形成了何种黄金情结都是需要探索的，因为这些历史的遗产是构筑我国当今黄金投资市场的基础材料。历史的传承性往往超过人们的想象，当前黄金投资社会潮流的涌动在很大程度上正是源于黄金历史情结的复苏。然而时光流逝，岁月如梭，今天已与过去有了很大的不同。那么以资产保值为目的，以资金避风港为特征的藏金于民的价值何在呢？我们如何为之修桥铺路呢？

藏金于民是一种社会的经济现象，在我国它有其历史的渊源和演变过程，认识藏金于民的今生，需要追溯一下它的前世。

一、藏金，从官到民的历史

黄金作为一种稀贵金属，价值颇高，而且又与社会权势有着扯不断的联系，所以是由官家拥有，还是由民众拥有曾有过许多次变化，黄金管制的实行与废止也不止一次地发生。

当黄色被视为帝王们的专用色时，黄色的金也便成了帝王们的专有，当然这并不完全是颜色的缘故，还有黄金的贵重使然。所以在人类漫长的历史进程中，黄金只能由帝王拥有：或用于日常的用具，以显示权势；或用于殿堂的装饰，以显示华贵；或用于神灵的祭祀，以显示虔诚。而一般民众只能向往而不能拥有，否则是对当时律条的触犯，但当时即使没有法规枷锁，一般百姓也没有拥有黄金的现实经济条件。

19世纪黄金生产力的大突破，一下子把黄金的产量提高了数十倍近百倍，黄金财富的增长为"金本位制"的建立提供了物质基础。19世纪中期到20世纪初，欧美主要的经济国家随英国之后都陆续实行了"金本位制"，使黄金成为货币体系的基础与中心，从而黄金与人类社会经济生活的关联性达到了极致，同时因此而使更多的民众与黄金实现了零距离，因而民众拥有黄金财富储藏也成为了一种现实。

黄金可以自由流通、自由铸造、自由进出口的"金本位制"，仅仅维持到20世纪初，就被"金汇兑本位制"所取代。黄金丧失了流通支付功能，而成为国家外贸收支平衡的手段。黄金从一个山洞里开采出来，又被放在另一个山洞里储藏了起来，成为当时国家外汇储备的主体。为了确保国家外汇储备支付能力，大多数国家都实行了黄金管制，禁止民众自由买卖黄金。藏金于民又成为了一个禁区，藏金又成为国家特权。

岁月又过去了半个多世纪，进入20世纪70年代，第二次世界大战后建立的以美元为中心货币的"金汇兑本位制"崩溃，国际货币基金组织不得不开始推行"黄金非货币化"改革，以此为契机各国开始陆续放开黄金管制，使当代黄金流向出现了根本性变化：黄金不再是流向国库，为国家所占有，而是流向了市场，为民众所购买。人类社会进入了一个藏金于民的时代。藏金成为一般大众的选择。

截至1998年，人类数千年来总计生产了13.74万吨黄金，其中官方储备占有的黄金大约为3.14万吨，约占现存黄金总量的22.85%，其余7成多的黄金是由一般民众所拥有。10年后的2007年底时，全球范围内地面存金达到16.10万吨，而官方储备减少至2.90万吨，在黄金总量中的比重减少至18%。而民众藏金所占比重上升到了八成以上。可以看出，官方储金量在不断减少，而民众藏金的数量和比例逐年增长，并且这种趋势还在持续，可以说藏金于民已是当今黄金市场的基本特征。

在我国，藏金于民的历史演变过程，与国际上有着相同的趋势性，具体的演变进程又具有自己的特殊性。

二、苦难中的黄金历史情结

19 世纪"金本位"时期，也正是西方资本主义生产方式迅猛推进的时期，社会生产力取得了前所未有的进步。虽然也时有社会动荡发生，20 世纪前半叶还发生过两次世界大战，但是在 18 世纪中叶至 19 世纪末第一次工业化和 19 世纪末至 20 世纪初第二次工业化的推动下，"金本位"制时期，西方国家的社会财富日增。对此马克思和恩格斯写道："资产阶级争得自己的阶级统治地位还不到 100 年，它所造成的生产力却比过去世世代代总共造成的生产力还要大，还要多。自然力的征服、机械的采用、化学在工农业中的应用、轮船的行驶、铁路的通行、电报的往返、大陆一洲一洲的垦殖，河川的通航，仿佛用法术从地底下呼唤出的大量人口。——试问过去哪一个世纪能够料到会有这样大的生产力潜伏在社会劳动里面？"

与西方列强创造了令人惊奇的物质财富和工作效率，黄金大量流入，形成鲜明对照的是——文明古国中国的衰落。中国历史为我们展现的是另一种不同的景象：1840～1945 年的百年左右的时间里，在我国的国土上先后发生了鸦片战争、八国联军入侵、日俄战争、中日战争，平均不到 15 年便遭遇一次大战火。毛泽东在 1963 年修改《关于工业发展问题（初稿）》时写道："从 19 世纪 40 年代起，到 20 世纪 40 年代中期，共计 105 年的时间，全世界几乎一切大中小帝国主义国家都侵略过我国，都打过我们，除了最后一次，即抗日战争，由于各种原因，以日本帝国主义投降告终以外，没有一次不是以我国的失败、签订丧权辱国条约而告终。"这百年里我国对外赔款 10 多亿两白银，割地数十万平方公里，死亡上亿人。社会生产力受到极大破坏，1840 年时我国的国民生产总值占世界的 1/4，为世界第一，和今天美国所占世界经济总量中的比例相当，是当时属于世界上富裕的国家。但屡遭战火和动乱之后，到 19 世纪末的 1900 年，我国国民

生产总值在世界总量中的份额已下降到 6.2%，只相当于美国的
26%，英国的 33.5%，德国的 46%。按人口计算的工业水平只
相当于英国的 3%，美国的 4.3%，德国的 5.7%，法国的
7.6%。进入 20 世纪，我国的工农业生产进一步萎缩，到 1913
年我国与世界列强的差距进一步拉大，人均国民生产总值仅相当
于美国的 11%，英国的 14.5%。1934～1945 年的抗日战争更是
使我国遭受了重大经济损失，总计高达 1000 亿美元，战火燃烧
了大半个中国。

　　在这期间，外患频频的同时又有内忧重重，还爆发过多次农
民起义、军阀争斗、党派纷争，因而又内战不断，可以说 20 世
纪前半叶之前的百年时间里，我国是一个战火纷飞的战场。在内
忧外患的打击下，我国错失了工业化的机遇，生产停滞，国弱民
穷，社会动荡，生灵涂炭，民众生活窘困。这是当时除少数权贵
之外，大多数人的生存写照——这也就是我们的曾祖父、祖父、
父母数代人生活生存的社会环境。

　　任何思想观念、意识形态都是社会客观现实的反映，因而在
这样的生存环境中产生的中国人的黄金情结是：

1. 财富的观念

　　在国弱民穷的社会环境中，人们对于摆脱穷困有着更为急迫
的追求，因而对于财富充满渴望。在一个自给自足小农经济主导
的经济体制中，当时大多数人最看重的财富是土地，这是求生存
的根基，而披金挂银是生存之上的更高层次的追求，即是大富大
贵的象征。黄金在我国民众的心目中，不仅是财富，而且是最宝
贵的财富。对于黄金不仅渴望，而且还有几分敬畏。

2. 保值的观念

　　社会动乱与政权更替都会使官方发行的纸币严重贬值，甚至
化为乌有，因而人们对于纸币产生了严重的信任危机。物价如同
脱缰的野马，为了稳定生活，避免个人资产缩水，因而广泛使用
实物计价，即使到 1949 年新中国诞生初期，国家公务人员的工
资仍以实物小米计算。在纸币严重贬值的情况下，黄金的价格逆

向运动的特性凸显，而成为最好的保值"实物"。不仅一般百姓喜欢存金以保值，而且一些大的商业交易活动也一定要用金条支付，以避免货币贬值风险。黄金保值的观念在我们的脑海中是根深蒂固的，乃至影响至今，在通胀严重的时期往往就会出现黄金及黄金首饰销售量上升的情况，黄金需求与货币贬值率存在着明显的正相关性。

3. 避险的观念

濒临战火与动乱，人员大量伤亡，财产损失甚巨。人身的安全、财产的安全时时受到威胁，因而人们格外期盼安定、安全。但那时一切都是显得那么无奈：手中的货币顷刻可以一文不值，千万不动产也可以顷刻化为乌有。而只有既便于携带又可保值，既贵重又易变现的黄金，仿佛是滔天洪水中露出的一片孤岛，可为颠沛流离的人们提供暂栖之地。我们的祖辈们以自己的经历证明了黄金是动乱中躲避风险、求得安全的可靠之径。正是源于这种生活经历，我们的祖辈们即使在和平的日子里也总会千方百计、千省万攒地买几件"金货"以防未然。如在上海，20 世纪 30 年代竟成一种"时尚"，即使社会下层，如官绅的佣人们也乐此不疲，所以那时我国大约一半的黄金是汇集在上海地区。正是由于藏金成为一种社会风潮，使那时的上海成为了远东最大的黄金销售地，一些欧洲的金商也因此获利颇丰。

祖辈们不仅自己藏金，或为防不测，或为资产保值，以求生活的安全、安定，而且也把黄金视为最宝贵的遗产，是把生前的资产积累传承给下一代的最佳形式。虽然我们也常说："儿孙自有儿孙福"，似乎对于后代很豁达，但中华民族是十分看重"根"和"血脉"的民族，因此从骨头里都能表现出对传宗接代的重视，所以对给儿孙们的遗产也是十分重视，而黄金是最被看重的遗产。历史上在一些大家庭的宅院中长辈埋藏黄金，而疏解了下一代生活困苦危难的故事是屡见不鲜的，为人乐道。

在中国近代 150 多年的特殊社会环境中，形成了中华民族几代人的黄金情结：视黄金为财富，把存黄金作为资产保值的最好途径和增加生活安定的可靠手段，是富足的象征。因此越是社会环境动荡，信用货币贬值严重，民众对于黄金的追求越强烈。虽然在民众需求旺盛的推动下，20世纪30年代上海"炒金"，也就是俗话说"轧金子"兴盛一时，使最高年份黄金双向交易近2万吨。但是从整体看以黄金投资盈利为目的的"炒金"并不是我们黄金历史情结的主流，主流情结仍是"藏金"。这种黄金情结的历史传承影响的结果，即使"炒金"已成为当前社会媒体反复炒作的热点，但对消费者消费动机的调查结果表明，以投资盈利为目的的黄金消费者还不足10%，90%以上的绝大多数消费者还是以藏金为目的。平时藏金是防不测，并不十分看重变现盈利，是我国黄金市场开放的初期民众黄金投资的首选方式。

三、藏金于民：因管制而阻隔

　　藏金作为中华民族的历史情结是那样牢牢地扎了根，而成为代代相传的意识，当代人自觉与不自觉地继承了下来，成为一种固有的观念，而充满了藏金的欲望与冲动。但是，1949年新中国成立以后，黄金与民众阻隔，缘由还需追溯到1945年。

　　1945年抗战胜利，国民党政府接受了大批敌产，没收了大批伪产，又积累了大批美元物资，并又将5亿美元贷款中的2亿美元兑换成了黄金，国库一时变得充裕起来。再加上8年抗战胜利，人心思定，民情顺畅，社会经济出现了一个相对稳定的时期，主要的物价指数下降30%，黄金价格下降了36%。在这种情况下，蒋介石采纳了美国经济顾问的建议，于1946年3月开放了外汇市场，实现黄金自由兑换。在市场开放的初期回笼了大量法币，并维持了物价的稳定，但蒋介石把经济的暂时稳定作为了挑起内战的本钱。为了筹集军费，用于扩大军事开支而大幅度地增加了法币的发行量，因此物价飞涨，到1947年7月物价竟比内战前上涨了6000倍，达到骇人听闻的地步。民众开始抛出法币，抢兑黄金，国民党政府为此而花掉5亿美元和400万两黄金，国库空了，11个月后的1947年2月不得不重新禁止黄金外汇自由买卖。1948 年 8 月国民党政府发行金圆券，强行规定金银必须卖给中央银行，以 200 元金圆券兑 1 两黄金，一下子从老百姓手中掠夺了 2 亿美元。在 1949 年国民党政府垮台之前，又分批将中央银行的黄金掠往台湾，总计有 390 万盎司之巨。据说新中国成立后，央行仅剩黄金 7000 两。因而当 1949 年 10 月新中国成立时，面临两个经济现实：一方面是民众受通货膨胀之苦后，十分不信任纸币，这将会直接影响新政权纸币的发行和流通；另一方面是黄金短缺，而成了民众的抢购目标，促使黄金投机风盛行，成为新政权纸币发行流通的又一影响因素。出于稳定经济和迅速建立人民币发行流通体制的需要，从新中国诞生之日起就实行了黄金管制，禁止黄金自由流通买卖。为此关闭了当时的外汇市场、黄金市场，从此黄金由国家垄断。国家以行政的强权抑制了黄金金融货币功能的发挥，消除了对人民币的干扰因素，在那样的情况下是十分必要的。之后，随着国内政治与经济形势的全面稳定，人民币的权威得以确立，成为社会流通的绝对主导性货币。这时，原来实行黄金管制的目标已达到，但是黄金管制并没有解除。相反，直到 20 世纪 80 年代还在不同的方面强化了黄金管制，一直延续到 2002 年，长达 53 年之久。从法律的层面看，民众藏金因此也被割断了半个世纪之久。这是因为人民币发行、流通体制确立以后，我国经济建设又面临新的问题，即外汇短缺的问题。

新中国在世界政治格局中实行了"一边倒"的政策，成为以苏联为首的社会主义阵营的成员之一，而受到西方阵营的长期政治堵截和经济封锁。但随着国民经济的逐步发展，我们有了日益扩大的外汇需求，但在西方全面经济封锁的环境中，我们创汇的渠道很少，因而外汇短缺又成为当时经济发展的制约因素，所以国家对于黄金作为外汇支付手段给予了格外的倚重。从 1969 年到改革开放前的 1978 年的 10 年间，黄金占我国外汇总储备中的比例，年均高达 60.5%，最高年份高达 91%。生产黄金成为那时我国创汇成本最低、最可靠的增加外汇的手段。为了确保国家外汇需求优先，而需严格控制其他领域黄金的使用，所以人民币稳定之后不仅没有放松管制，甚至黄金管制的力度又有所加强。1984 年颁布的《金银管理条例》是对黄金地质资源、生产、流通、加工、零售等全过程、全环节的管制。为了增加黄金生产调动了众多行政手段，甚至各级政府都成立了以主要行政首长为组长的黄金工作领导小组，组建了黄金地质资源勘探专业队伍——武警黄金部队，这些措施在国际上都是罕见的，这也从另一个角度说明当时国家对黄金的急需程度。

由于国家外汇需求优先的政策，国内民需黄金就必须控制，结果是国内黄金市场极度萎缩，20 世纪 60 年代取消了黄金首饰的供应。从此，无论是金条，还是金制品都从市场上消失了。我国藏金于民的历史被隔断了。

蒋介石国民党政权在新中国成立前夕掠走大陆黄金近 400 万两到台湾，我们接收的黄金极少。当时有人估计民间藏金大约500 万两，而 1952 年我国公布的黄金储备为 500 万盎司。盎司比两小一点，几乎相当。可见当时 90% 以上的民间黄金都已变为了国家黄金储备，民间藏金已微乎其微了。

影响实现藏金于民的还有当时的政治环境。由于极左思潮的影响，把"披金挂银"，对富足生活的追求视为资产阶级的生活方式，而受到批判，使人们对金银制品产生了一种畏惧感。文化大革命更将金银首饰列为被扫荡的"四旧"之列，这微乎其微的民众的历史黄金遗存，也或被没收，或被迫上交，或出手变卖，甚至是抛之于茅厕，以避人祸。黄金不仅远离了民众的经济生活，而且也远离了人们的视野，藏金于民成为了一种奢望，甚至是大逆不道。但是藏金于民的历史情结并没有泯灭，它正等待着时代的唤醒。

四、从潜流到潮流的转变

把藏金于民历史情结唤醒的是改革开放的力量。以 1978 年党的十一届三中全会的召开为标志的改革开放，产生了以下三个方面的影响：

（1）思想观念上的拨乱反正，黄金财富的理念得以重新确认，为藏金于民扫除了思想认识上的障碍。

（2）经济的快速发展，国家积累的财富大增，外汇短缺的矛盾得以缓解，为藏金于民奠定了体制改革的基础条件。

（3）居民收入大幅增加，在解决了温饱，进入小康，再向全面小康社会进步的过程中，居民有了更大的经济支付能力。这是藏金于民的经济基础。

以上各方面的变化是随着改革开放事业的不断推进而逐步发展成熟的。因而复苏的藏金于民的发展也表现出由潜流到潮流的演变过程。

为了实现国家黄金储备的保值增值，1979 年我国开始发行面向民众的熊猫金币，但当时是以外销为主，到 20 世纪 90 年代中后期才在国内建立了销售网络，因而当时熊猫金币的上市并没大规模地启动藏金于民。真正促动藏金于民进程的是 1982 年金首饰恢复市场供应，迈开了"藏金于民"的第一步。1982 年恢复黄金首饰供应是出于回笼货币抑制通胀的目的，虽然今非昔比，我国 20 世纪 80 年代与 40 年代已是一个截然不同的社会政治与经济环境，但是 20 世纪 80 年代价格改革引起的通胀，很易唤起人们的历史记忆。因而出于资产保值的目的，出现了一个 20 世纪 80 年代末至 90 年代中后期黄金首饰消费增长期。90 年代初，黄金首饰完全是一个卖方市场，每天在一两个小时内就会把全部产品抢购一空。旺盛的需求刺激了黄金首饰业的发展，到 90 年代中期，金店比米店多竟成了那时市场的一道风景线。1997 年我国黄金首饰需求量达到了 330 吨的历史高水平，占当年全世界总需求量的 10.2%。近 10 年来我国黄金首饰需求量一直是居印度、美国之后的世界第三位（2004 年居世界第四位），2007 年以 302.2 吨超过美国，跃居世界第二位。据不完全统计，以黄金首饰与金币的形式，这 20 多年来已实现藏金于民的数量超过了 4000 吨。

与此同时，国家的黄金储备从 1982～2000 年期间 394 吨一直没有变化，这也就表明这期间我国生产的黄金全部进入了民藏，20 世纪 80 年代我国黄金出现由官储向民藏的历史性转变。

从严格意义上讲，20世纪90年代还未实现真正意义上的藏金于民，因为当时黄金管制仍存，居民不能合法地买卖黄金，居民藏金可选择品种只有金首饰和金币，这两种产品都有较高的升水，变现时会产生很大的经济损失。另外也未形成方便的变现服务体系，只能把藏金作为一种资产的沉淀，而缺少流动性。显然，由于政策性的障碍而使那时的黄金市场存在着藏金于民的体制性缺陷。

公开的黄金市场体制性缺陷导致了地下隐形黄金市场的出现，20世纪90年代黄金首饰市场不断发展的同时隐形黄金市场也在发展。黄金买卖和黄金借贷开始在这个隐形市场中兴起，形成了一个藏金于民的潜流。因而我们认为在20世纪后10多年的时间里，我国黄金市场是一个两元市场结构，即公开的黄金首饰市场与隐形的黄金市场并存。

我国黄金首饰市场在20世纪末开始遇到了越来越大的挑战。经济出现了新的变化，卖方市场转为了买方市场，供不应求的市场格局变为了供大于求。经济发展中的通胀问题转为紧缩，物价由大幅上涨变为连年持续下跌，因而黄金的保值功能和资金避风港的作用表现明显弱化，从而削弱了藏金于民的紧迫性。另一方面的变化是我国资本市场的不断发展，使居民投资的领域不断拓宽，投资产品日益增加，如房地产、股票、外汇、基金市场的日益活跃，为民众投资提供了更多的选择。恰逢1997年以后金价连续5年下跌，跌幅近3成，因此在此期间黄金投资盈利率明显低于其他一些投资产品，故黄金对于一些投资民众的吸引魅力也有所减退。这些变化直接对黄金首饰市场产生了影响，以保值为目的的黄金首饰消费者疏离了黄金首饰，致使1997年以后我国黄金首饰需求量逐年下降，到2003年下降了四成多。现实在呼唤市场化改革的深化。

2002年10月上海黄金交易所的运行标志着我国黄金市场化的又一次推进。在实现黄金首饰市场自由买卖交易的21年后，金条（块）也实现了市场自由交易。这实际上也意味着我国二元黄金市场结构的完结，一个统一的黄金市场体系开始形成，因而藏金于民也可以在公开的市场交易平台上进行了。藏金于民终于从潜流变成了一种社会潮流。

藏金于民从潜流变潮流的意义有二：一是表明我国黄金市场的开放进程又进入到新阶段，已可以进行真正意义上的藏金于民了；二是我国黄金市场投资功能的发展呈阶段性，发展的初始阶段藏金是首选。藏金于民——黄金投资流行时。

五、黄金投资：先"藏"后"炒"

黄金投资有两种形式，一种是"藏"，一种是"炒"。前者是以投资者资产保值为目的，后者是以投资者盈利为目的；前者主要是利用黄金的稳定性和与信用资产的负相关性，规避价格风险和资产保值，后者是利用金价的波动，低进高出实现盈利；"藏金"是一种长期投资行为，"炒金"是一种短期投资行为，具有较多的投机性；从市场风险看，"炒金"高于"藏金"，而盈利的几率"炒金"高于"藏金"。两种黄金投资的目的有所不同，操作上也有所区别，具体要选择哪种黄金投资方式，要根据投资者自身情况和当时的市场条件确定，但是当前"炒金"成为社会舆论的主流，几乎成了黄金投资的代名词。

"炒金"占据舆论上风，与利益相关者的推动有关。"炒金"可以极大地扩大市场交易量，对于黄金市场的经营者和经纪公司来说，交易规模与其经济利益是密切相关的，这些机构对"炒金"在舆论层面上的推波助澜，在实践层面上的积极推动都是不难理解的。而一些民众在个人投资经历了种种挫折之后也急于寻找新的投资渠道，对"炒金"也有极大兴趣。

前面已经指出，有关机构的调查结果表明，从目前民众的思想状况看，黄金投资的主流是选择"藏金"，而不是"炒金"，表明现阶段投资者的思想准备不足，并且"炒金"面临一些现实的条件制约，因而我国民众黄金投资应是先"藏"后"炒"：

1. 我国目前的市场状况

虽然黄金投资已是我国民众的一种现实选择，但市场平台建设刚刚起步，在运作过程中的不规范之处尚存，有关黄金投资的法规建设滞后，"炒金"实际是一种资金的运作过程，需要有更严格的监管和十分透明的交易规则做保证，因而在这种情况下，"炒金"比"藏金"可能出现的市场风险的几率大得多，而需持更为慎重的态度为佳。

2. 我国目前市场交易工具的现状

由于"炒金"是以盈利为目的，并不是真正需要买卖黄金，因而在国际上"炒金"的交易标的不是实金，而多是衍生物合约，而在目前我国黄金合约的研发和上市还处于初级阶段。而近年来我国黄金市场上实金交易工具已有了很大发展，投资金条、纪念金条、投资金币、纪念金币已形成了多品种和各规格的产品家族，可供投资者多种选择。而衍生物产品很少，所以从目前投资工具的现状看，黄金投资也应选择先"藏"后"炒"。

3. 投资者个人素质状况

虽然"炒金"有比"藏金"更多的盈利机遇，但许多"炒金"产品实际是买卖双方对赌，投机性很强，"炒金者"所承受的市场风险也更大，因此"炒金"者应具备较大应对风险的能力，这种能力在很大程度上是取决于投资者的自身素质。投资者的素质修养，一方面需要黄金投资知识学习的积累，另一方面也需要实践的体验，与市场的亲和力的培养是需要有一个过程。目前，对一般民众来说黄金投资还是一个陌生的领域，在不了解"水性"的情况下，尤其要注意风险问题。先进入风险较小的"藏金"领域，对市场有了更多了解，对投资有了更大把握之后再"炒金"，不失为一种理智的选择。笔者就曾接触到一些原来的股民转而"炒金"的人，开始信心十足，但很快就败下阵来。

无论是我国目前黄金投资的现状，还是出于理智的选择都表现为藏金于民——黄金投资流行时。藏金于民潮流的再现是一种社会的进步，具有时代的价值。

六、新世纪藏金于民的社会价值

藏金于民潮流出现在刚刚进入的 21 世纪，此时的社会环境与我们祖辈们所在的 20 世纪的三四十年代已有极大的不同，甚至与已经改革开放后的 20 世纪八九十年代也有很大的不同。我国黄金从官储到民藏的转变首先是我国经济发展进步的成果，而藏金于民潮的出现有历史情结的渊源，也有现实经济因素的驱动，具有多方面的社会价值：

1. 拉动需求，为黄金产业的发展添动力

人类从事经济活动的目的是为了满足人类的物质与精神的需求，没有需求的生产是对社会资源的浪费。从这个意义上讲，没有需求便没有生产，有多大的需求规模才会有多大的生产规模。需求决定生产，需求是生产的前提条件，也是最终的归宿，即使稀有、贵重的黄金也同样如此。

黄金的稀有性造成在人类社会大多数年月中都处于短缺状态，首先是由于黄金产量极低，19 世纪之前的数千年人类仅生产了 1 万吨黄金，19 世纪中叶以后黄金生产力出现突破，19 世纪的百年就生产了 1.15 万吨黄金。此后 20 世纪 80 年代之前又生产了 7.86 万吨黄金，金产量迅速增加，但是由于"金本位制"的建立，随着世界经济规模的不断扩大，对世界货币的需求也在大幅增长，所以未能改变黄金相对短缺的基本状况。

20 世纪后 20 年，年均产量又比前 80 年黄金产量提高了一倍多，总产量达到 4.9 万吨。进入 21 世纪，2001～2007 年生产了 1.7748 万吨，年均产量 2535.43 吨，又是 20 世纪后 20 年年均产量的 1.03 倍。但此时需求情况有了变化，首先因黄金非货币化的推行，使得黄金在货币领域的需求减少，而且当代黄金主要的四个应用领域的需求形势都不乐观。

（1）工业原料。1998～2007年的10年间，工业原料用金约占总量的13.96%，年均用金563.9吨。由于黄金的高价值，而工业产品为了降低成本，总会千方百计地节约使用黄金，所以虽然电子工业和建筑装潢业在快速发展，但工业用金量并没有呈大幅持续增长，这期间的1999年工业原料用金592吨，为十年最高，只有2006年和2007年的需求高于1999年，而其他的7个年头均低于1999年，需求表现疲软。

（2）首饰制造。黄金由"官储"变为"民用"之后，首饰制造业成为最主要的需求领域。1998～2007年的10年间占总需求量的68.48%，年均用金2766.8吨。但是也同样出现了需求下降。进入21世纪需求量持续下跌。2007年比2000年需求下降了25.06%，创近10年来历史新低。

（3）黄金投资。黄金虽然仍然是一种金融资产，有投资需求。但当今黄金投资需求有两种：一种是投资者多头合约交割形成的黄金需求；另一种是金条囤积所形成的需求。

因为全球有大量的存量黄金的存在，因此当代黄金市场有一种天然的做空倾向。投资领域黄金做空的力量大于做多的力量，所以投资在更多的时间是一种增加供应量的因素，而不是增加需求量的因素。1996～2005年的10年间有6年是存量黄金进入市场，增加了市场供应。进入21世纪的2001～2007年的7年间，2003年黄金多头投资创造了1760吨的需求，为近年最高，而2004年、2005年、2006年、2007年比2003年分别下降了100%、38.8%、46.8%和79.2%。

在1998～2007年的10年间，金条囤积，即民众以黄金作为财富储藏的需求量约占5.9%，年均238.2吨。1997年是10年中的最高峰，需求量达到269吨。进入21世纪一直在这个水平上波动：2001年261吨、2002年264吨、2003年180吨、2004年257吨、2005年264吨、2006年235吨和2007年236吨，分别相当于1997年需求量的97%、98%、66.9%、95.5%、98%、87.4%及87.7%。可见进入21世纪，全球民众黄金囤积的需求从总体看也是呈疲软之态。

（4）对冲需要。生产商为了规避价格风险，而往往会使用提前销售合约，将自己尚未生产的黄金提前售出形成供应量的增加。但在消费需求疲软的情况下，提前销售增加了市场供应量，又会加剧金价下跌。为了避免金价下跌的损失，生产商会反向运作，买入黄金而形成需求量。在1995~2004年的10年间，生产者对冲需求从2000年起由供应量变为需求量。2001年为151吨，2002年高达412吨，2003年289吨，2004年又上升到438吨，但2005年下降到92吨。2006年、2007年又上升到410吨和446吨。换言之，近年有相当多的黄金是生产者为了自救而自己购买的。进入21世纪，生产者作为一个必然的黄金供应者变为一个暂时的购买者，但从市场供求正常关系看，这是一种无奈，一种窘困，充分表明了黄金需求疲软的程度。

从当今黄金四大需求领域的状况分析表明：一方面是全球黄金生产能力有了大幅提高，供给增加；另一方面是黄金需求增长动力不足，因而当前黄金市场已由极度短缺变为需求相对不足。需求相对不足便意味着黄金产业发展已面临市场条件约束，这是一次千年之变，黄金需求增长成为黄金产业发展的关键。但是如何拉动需求呢？

从世界的角度看，拉动全球黄金需求的力量来自中国，因为中国黄金需求不仅潜力巨大，而且有最大的可能性。这是因为中国黄金消费人口庞大，长期黄金管制又严重地压抑了民众的黄金需求，在许多方面还是未开垦的处女地，等待去挖掘。我国黄金首饰市场从零开始，仅10多年的时间里便成为居世界第二位的黄金首饰需求市场。尽管如此，我国黄金首饰需求的潜力仍然尚未全部挖掘出来，仍有增长空间。黄金投资刚刚起步，具有更大的增长空间，而需求欲望正待喷发。因而当前我国推进藏金于民的进程不仅仅是可为我国黄金生产的发展增加动力，而且还会对国际黄金产业的发展产生影响。仅以我国居民人民币存款计算，截至2008年上半年，居民存款已达19.7万亿元，如每年仅有1%的人民币存款变为藏金，以目前的金价计算，大约就可以产生1000多吨的需求量。而目前我国黄金需求量总计才有300吨左右，那么仅藏金于民的需求潜力就是其3倍多，完全可拉动我国黄金总需求，超过印度而居世界第一位。如把这个需求规模放到国际市场观察，即意味着将世界目前黄金需求水平拉升20%，我国黄金市场规模将占世界总规模的25%。显然，我国藏金于民的需求潜力对于改变市场黄金需求增长动力不足作用巨大，为黄金产业的发展可以产生直接而正面的推动力。

2007年我国黄金产量已超过南非而居世界第一位，2008年我国又进一步拉开了与南非的距离，市场需求的拉动不仅可以拓展黄金工业的发展空间，而且可以产生巨大的经济效益，因而藏金于民的推进是我国黄金工业发展的战略性措施，是全球黄金生产进入中国领军时代的强大支撑力。

2. 开拓新路，给民间资本一个新出路

如果说我们的祖父辈们藏金，是前途未卜情景下的无奈，而今天我们选择藏金更大程度上是出于发展的需求：

首先是改革开放30年以来，我国国力大增，民众日富。改革开放前的1978年我国居民年均收入仅有344元，到2002年已达7400元，增长了20多倍。随着民众收入的增加，在生活水平不断提高的同时，个人财富的积累也逐步增加。有日益增多的人群拥有了房产、股票、外汇及人民币存款。仅以人民币银行存款为例，25年前的1980年居民人民币银行存款总额不足400亿元，人均不足40元。因那时即使买一件百元级的普通耐用消费品，也要一个家庭的1年积累才行，那时买黄金对于绝大多数的居民来说是一个奢望。而今天居民存款已突破了19.7万亿元，增长370多倍。随着个人财富积累的增加，基本生活得以保证满足之后，于是有了日益增长的投资需求。

在1996年银行降低存款利息的刺激下，民众投资的欲望空前地表现出来，大量的资金转向股市和房地产业。股市升温，出现了持续两年的牛市；房地产业由冷转热，形成了一个持续多年的开发热潮；邮币市场也开始持续数年的"火红的日子"。但是怀着美好梦想的人们，在市场风险的冲击之下，大多是"折羽"而归。据有关人士分析，仅股市缩水就使股民损失高达上万亿元；房地产的不规范，也使个人投资者屡遭陷阱；邮币市场持续低迷，有行无市，市场交易价跌破票面价。居民个人投资者接受

了一堂切肤之痛的市场风险课后，寻找更为安全的新的投资渠道在 21 世纪之初便成为民众迫切而殷切的期盼。

我国经济的快速发展是由投资、出口、消费带动的，民间资本渠道狭窄是投资领域中存在的大问题。为民间资本开辟更多的投资渠道，使更多民间资本进入投资领域，是我国亟待解决的问题。一方面要规范市场，减少投资风险；另一方面也要积极发展、推出新的投资产品，才能吸引和激活民间资本。藏金就是一个既有历史传统，操作易行，而又市场风险较小的投资领域。推动藏金于民就可以为居民增加一个新的投资领域。

——黄金的物理与化学特性，使黄金千年不朽，而且价值极高，以金作为财富储存选择既便利又具有极大的可靠性。

——黄金是一种实物"货币"，它具有内在的价值，永远不会贬值为零，而且具有稳定的购买力，存金较其他信用投资产品具有更大的安全性和保值性。

——黄金具有世界价格，可以方便地兑换成任何一种货币，存金等于存外汇，而且是世界硬通货。黄金的稳定是受世界多种货币的支撑，对某一种货币的波动风险有多种规避的途径。

民众对黄金投资有较高的认知度。据《中国黄金报》和北京黄金经济发展研究中心的调查，40.6% 的受访者表示愿意或比较愿意进行黄金投资；有 36.4% 的受访者表示愿意和比较愿意将自己持有的部分股票置换为黄金。由此推断，我国黄金投资的人群数量不会低于股民数量，甚至可达上亿人。

在受访的人群中，表示动用 10 万元以上存款进行黄金投资的为 4.4%；5 万~10 万元的占 5.4%；3 万~5 万元的为 9.5%；1 万~3 万元的占 22.6%；0.5 万~1 万元的占 31%，0.5 万元以下的占 27%。根据这个调查结果推算，我国黄金市场将可能会有 1600 亿~2600 亿元民间资本进入，可产生 0.8 万~1.3 万吨的交易量。这是否仅是一个主观的想象呢？其实早在 20 世纪 30 年代，在我国上海曾存在着大量的黄金交易活动，最高年份双向交易曾已高达 1.9 万多吨。而今天我国居民的经济实力与那时相比是不可同日而语的，而上海黄金交易所运行仅有 7 年的时间，2008 年就已成为全球最大的场内交易市场，所以业内人士认为我国黄金市场实物交易量有成为世界第一的潜力，这个市场将为民间资本的保值和盈利提供新的机遇选择。

3. 增加保险，使民众生活增加安定性

和平与发展是当今世界的主要潮流，战火与动乱似乎已远离我们，但是父辈们防患于未然的生活律条仍是我们的宝贵财富，需要珍惜，需要继承。当市场经济体系在古老中国大地日益站住脚跟，并使我们获得了从未有过的财富增长的同时，市场风险也从此与我们相伴。如何能面对市场风险而求得生活与事业的平稳与安定呢？西方投资专家给我们的忠告是，不要把鸡蛋放在一个篮子里。资产的多元化，投资的多样性是在市场经济体制中提高投资理财安全性的有效手段。因而实现民众资产的多元化和投资的多样化，黄金是一个必需的选择。因为黄金具有与信用产品逆向运动的特性，可以对冲信用资产贬值风险。有人认为民众个人财富与投资中，黄金应占 5% ~ 10% 的份额。我认为应因人而异，因时而异，所占份额不一定要循规蹈矩，但让黄金占有一席之地确是明智之举。在你的资产储备中，除货币、外汇、股票、债券外还应增加一些金条，于是也就为你和你的家庭生活增加了几分安全因素。

何止是家庭，对于一个国家来说也是如此。黄金同样可以增加国家抵御突发事件的能力；国家用黄金就可以在国际上质押贷款，渡过货币挤兑风潮，避免出现多米诺骨牌效应；在特殊情况下可以用于国际支付，平衡外贸收支，保持国家政治与经济的稳定。这样的事例随时可见。

1997 年亚洲爆发金融危机时，韩国为了尽快扭转被动局面，在全国范围内掀起了献金偿债的运动。总统金大中带头行动，3 天内有 20 万人参加，总计献出了 14.7 吨金制品。这在我们看来并不多的 14.7 吨黄金成为韩国 1998 年一季度即实现了国际收支顺差的主要原因，鼓舞了民族的信心，稳定了国家情绪，为韩国摆脱困局迈出了重要的第一步。在特殊的情况下，黄金的作用是难以取代的，所以藏金于民又有利于民族。

前面指出，藏金于民的推行，我国每年仅 1% 的居民人民币

存款转为黄金，1年我国就可增加黄金储备千吨。将藏金于民的这个势头保持10年，我国增加的民间储金可超万吨，这相当于我国1949～2007年58年间所生产的黄金总量（3517吨）的2.84倍。这对于增加我国居民抵御自然与社会突变冲击的能力有着积极的意义，同时也增加了国家抵御不测风云的能力。

在和平年代黄金可以自由流转买卖，这样会有大量国际存量黄金流入我国，形成巨大的黄金财富沉淀，在危急时刻就可变成不受国家主权干预的通行无阻的"金钱"，因而藏金于民是事关国家和民族存亡的战略举措。

4. 另辟蹊径，解外汇储备超常之困局

进入21世纪，我国经济生活中出现了一个新的问题，即外汇储备超常。对这个问题的解决有不少的对策建议，而藏金于民是一种最佳选择，因而藏金于民具有了一种解外汇储备超常困局的新时代价值。

（1）外汇储备大局之变。从1949年新中国成立，直到20世纪90年代的40多年的历史时期中，我国外汇都处于相对短缺的状态。为了增加外汇储备可谓是用尽了全身力气，使用了十八般兵器。改革开放为我国经济的高速发展注入了强大的推动力，随着我国的经济发展，外汇储备呈现了加速度般的增长。

改革开放起步的1979年，我国外汇储备仅为21.54亿美元，10年后的1989年达到了170.22亿美元，10年间外汇储备增长了148.68亿美元；而再后的10年间外汇储备却增长了1279.78亿美元，是前10年的8.61倍，1998年达到了1449.6亿美元。进入21世纪我国外汇储备增速更快，2001～2004年的4年间，年均增长都过千亿美元，总共增加了4443.25亿美元，2004年一年就净增外汇储备2067亿美元，达到了6099亿美元；2005年突破了8000亿美元，仅次于日本，居世界第二；2006年2月底，我国外汇储备增长到8536亿美元，一举超过日本，成为世界第一大外汇储备国，年末首次突破1万亿美元，为10663亿美元。此后，我国一直保持着全球外汇储备规模最大、外汇储备增长最多的国家。截至2008年12月31日，我国外汇储备余额达

到了 1.95 万亿美元。

外汇储备作为国际贸易支付的准备金，按目前的国际惯例认为，外汇储备规模应是进口总额的 30%～40% 为宜。2004 年我国外贸总额 11547 亿美元，除去顺差，进口大约在 5000 多亿美元，按以上惯例计算我国目前较为适宜的外汇储备规模应在 2000 亿美元左右。但有人认为当前市场风险增加，应加大准备金，因而认为应以 6 个月进口量，即进口总额的 50% 确定外汇储备规模。另外，外汇储备还有稳定汇率、保证国家信用的职能，所以外汇储备的实际规模还应大于以上推断规模。那么即使增加 1 倍，达到 4000 亿美元，仍有 2000 多亿美元属于超常储备。如果 2005 年外汇储备再增加 2000 亿美元，到今年底我国外汇储备仍有高达 3000 多亿美元是超常储备，接近总储备量的四成。到 2009 年初我国外汇储备已突破了万亿美元，外汇超储的矛盾进一步加剧。

（2）外汇储备超常之弊。外汇储备少，不能满足需要，制约经济的发展，影响经济的稳定当然不好，但是储备超常也有许多弊端，也会对经济的发展产生众多负面作用，具体表现在以下几个方面：

第一，为了保证国家外贸结算需要和提高国家信誉，保持合理的外汇储备规模是必要的，因此占用必要的资金也是合理的，但超常储备相对需求而言是无用的，因而形成的资金沉淀是无效的。这些资金本来可以做资本，在流转中实现增值，尤其是在当前我国资金仍然紧张的情况下，在外汇储备中形成一两万亿元人民币的资金闲置确是一个巨大的浪费，也是一个巨大的经济压力。

第二，外汇超储不仅形成资金沉淀浪费，而且要付出更多的不必要的机会成本。因我国目前外汇储备除用于保证正常的外贸支付外，还存在大量的沉淀外汇储备，为了增加收益而大量购买美国长期国债，美国 10 年期国债收益率为 4.2%～4.6% 之间；同时我们又积极吸引外资，而外资在我国的平均利润率一般在 10% 左右。国内资本生产回报率减去持有外汇的收益率是外汇持有的机会成本。现在我们一方面高价借入或引进资金，另一方面又低价将自己的资金给别人使用。因此，目前数千亿美元超常储备外汇造成的机会成本每年高达数 10 亿美元，也就是上千亿人民币，不算不知道，一算吓一跳。

第三，在美元霸权存在的世界经济形势下，我国外汇储备必然是美元资产占主导，目前占总外汇储备的60%左右。但在美元贬值，美元汇率持续下跌的背景中，我国美元外汇储备的大量增加，无疑会增加储备风险，增加储备资产缩水损失的几率。目前在美元贬值压力下，自2005年7月人民币汇率体制改革以来，人民币累计升值幅度已超过15%。这意味着我们2万多亿美元储备因此而实际缩水了2000亿多美元，折合人民币超过1万亿元。

第四，为了实现经济的持续发展，国家要防止经济过热，收紧银根，减少货币投资量是防止经济过热的重要手段，但外汇的超常储备就会使这一政策措施的效能打了很大的折扣。目前我国外汇还未放开管制，是由央行强制性结汇，所以外汇储备的超常增长，使央行不得不大量增加外汇占款投放量。如2004年，我国外汇占款16098亿元，比2003年增加4639亿元，外汇占款的增长也成为银行体系货币供求的主渠道，对收紧银根的政策形成挑战，在各项贷款持续回落时，却通过外汇占款的渠道保持了相当规模的投放量，使国务院当时收紧银根的政策难以全面落实。

（3）藏金于民是最佳之选。如何化解我国外汇超储的困局？各方人士提出了多种方案，将外汇转变为战略物资是其中的一个方案。将超常的外汇储备转变为工业原料储备的好处是在实现减少外汇超储的同时：一是有利于保障我国工业生产的持续供应；二是在国际大宗工业原料涨价的情况下，可以实现外汇资产的保值，但相比较储备物资的方案中，藏金是一个更好的选择。

藏金于民实质上是将超常储备信用资产的一部分置换为黄金。置换黄金比置换工业原料具有更大的便利和优势：首先，置换工业原料需设施建设和保管费用，因而置换成本是很大的。其次，外汇置换黄金几乎可以不计算成本，因为成本极低。另外黄金与外汇具有极强的互换性，变现极为容易，一旦需要外汇，黄金又可以方便地兑换成各种货币，这是工业原料所不能比拟的。再次，外汇置换为工业原料，绝大多数仍然是国家储备，因而只不过是改变了储备品种，而对于减少储备超常、减少资金沉淀的作用远比不上藏金于民，而黄金可以全部由民众吸纳。更为重要的是工业原料是用于消耗，而黄金是用于储备，具有永恒性，藏金于民本质上讲仍然是一种"国家储备"。因为当国家需要外汇时可再用人民币回购，并可迅速地兑换为任何所需要的外汇品种，又重新成为国家外汇储备。

藏金于民首先是建议将目前超常储备外汇的一部分置换为黄金，因为黄金与信用货币资产具有负相关性，在信用货币贬值时，黄金价格反而上升，因而增加黄金在外汇储备的份额可以降低美元贬值风险，这是第一步。

第一步的置换仅能降低美元贬值风险，还不能解决国家外汇储备超常问题，所以第二步是实现从储金于国向藏金于民的转变，因而实现国家的储备占用资金转为民众承担，从而使国家外汇储备超常的矛盾缓解或解决。

藏金于民能在多大程度上化解我国外汇储备超常的矛盾呢？一个关键性的问题是民众有多少资金可以吸纳置换的黄金。仅以居民人民币存款为例：目前我国居民人民币存款已达到 19.7 万亿，如果 5% 置换为黄金，就是 1 万亿元人民币，折合美元 1500 亿美元左右，相当于 2008 年外汇储备总量的 7.5% 左右。如果达到 10%，有 3000 亿左右的人民币置换黄金，则相当于外汇储备总量的 15%，几乎可以使这个困惑得解。当然这仅是一个推论，实际不可能一步达到完美境地，但即使打一个折扣其意义也不可低估。

储备美元与藏金于民的关系如图 3 - 1、图 3 - 2 所示。

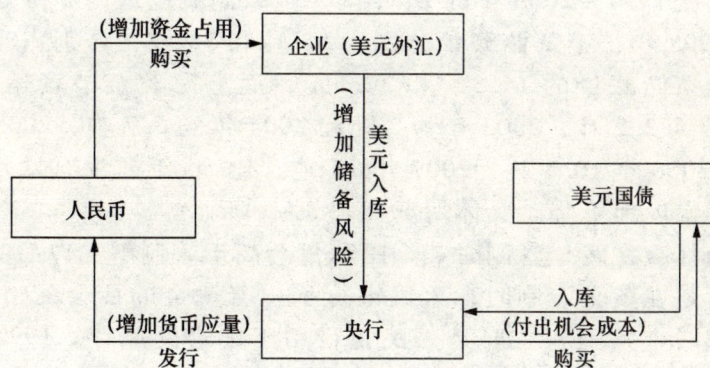

图 3 - 1　当前我国外汇储备运作示意图

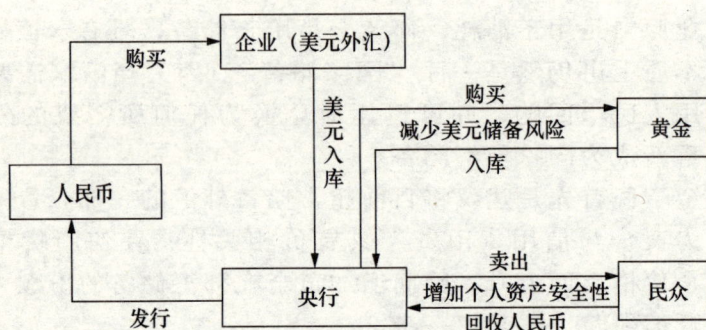

图 3 - 2 将藏金于民纳入外汇储备运作示意图

七、我们欠缺的和应弥补的

藏金于民具有多重的时代价值，而且政策条件和经济条件都已基本成熟。在具体的工作层面上，2002 年上海黄金交易所正式运行，标志着《金银管理条例》在实际意义上的废止，民众不仅可以自由买卖黄金首饰、金币，金条也开始进入市场成为民众的选择，民众金条储藏数量应有相应增长。但是根据黄金矿业服务有限公司（英）的跟踪数据分析，我国黄金金条的储藏量并没有随着黄金市场的开放度的增加而增长，相反却有大幅度地下降。从 1994 ~ 2003 年的 10 年间，金条储藏量最高年份是 1997 年和 1998 年，金条储藏量分别为 50 吨和 53 吨，分别占当年世界总金条储藏量的 14.3% 和 32.5%，而上海黄金市场运行后，2002 年为 2.2 吨，2003 年为 2 吨和 2004 年的 6.7 吨，2005 年为 9 吨，2006 年 10.1 吨，2007 年 18 吨，比 10 年前没有增长反而有很大幅度地下降。具体情况如表 3 - 1 所示。

为什么在黄金管制时黄金囤积量会高于管制解除以后呢？我的理解是在黄金管制时，人民银行承担着黄金的社会配售任务，因而那时金条囤积主要是人民银行用于配售的库存。1999 年底允许深圳人民银行开展国外黄金寄售业务，黄金的供应渠道开始1999 年之后我国黄金囤积有了一个数量级的减少，由数十吨下降

表3-1　　我国黄金投资金条囤积数量变化（1994~2007 年）

年份	金条囤积量（吨）	比 1994 年 ± 量（吨）	占当年世界总量（%）
1994	25		10
1995	10	- 15	2.9
1996	17	- 8	8.5
1997	50	+ 25	14.3
1998	53	+ 28	32.5
1999	21	- 4	7.9
2000	5	- 20	2.2
2001	4	- 21	1.6
2002	2.2	- 22.8	0.9
2003	2	- 23	1.1
2004	6.7	- 18.3	2.6
2005	9	- 16	2.7
2006	10.1	- 14.9	4.3
2007	18	- 7	7.6

资料来源：《黄金年鉴 2004》、《黄金年鉴 2006》、《黄金年鉴 2008》。

降到数吨。由于黄金寄售业务的开展，国外寄售黄金在很大程度上取代了人民银行的库存，减少了占用资金，虽数量大幅下跌，但有其合理性。另外是 2002 年以后人民银行退出了黄金配售业务，因而金条囤积由人民银行囤积变为了纯民间囤积，因此数量也会减少。现在的问题是解除黄金管制以后，为什么金条囤积仍是如此低水平，那么是否有统计上的误差呢？如果从我国的实际情况分析，不能完全排除。比如，为了突破当时的政策壁垒从 1999 年开始出现了"纪念金条"，这是一种金条与首饰之间的混生产品，如将首饰市场上的纪念金条也归于金条囤积之列，那么 2000~2002 年的民众的金条储藏量因此可有一定的增长。但即使因此增加 2 倍，也只有区区数吨，对于拥有 13 亿人口和浓厚的藏金历史情结的中国来说，现实与我们预料仍有巨大的差距。显然是我们的黄金市场体系中仍存在缺陷环节，影响了我国藏金于民的需求潜力的发挥和规模的增长。

我认为我国目前黄金市场需要弥补和完善的工作环节是：

1. 交易平台的完善

藏金于民的实现需要为民众提供方便、快捷、安全的黄金交易平台，但现在上海黄金交易所是一个服务于大生产商和大投资商的交易平台，受其功能、产品及规模的局限，虽已开发了二级交易系统，但也很难适应高度分散和小批量、大规模的民众交易要求。为此除上海黄金交易所的交易功能需扩展完善外，我国黄金市场体系也需进一步发展完善。

各商业银行的货币存储、买卖及经营网络与黄金存储、买卖具有很大相通性，而且商业银行的业务网点遍布城乡各地，对民众有很强的亲和力和认知度，所以商业银行黄金业务的推出可给民众带来更大的便捷和安全，同时还可以提供上海黄金交易所不能提供的衍生服务，如黄金保管、黄金抵押贷款、黄金储蓄等。在方便民众的同时，也增加了银行中间服务收入。商业银行柜台黄金市场应成为一般民众买卖黄金的主导性市场。

2004 年底银监会批准中国银行开展面向个人的黄金业务，其纸黄金业务从上海向全国推广；中国工商银行、中国建设银行也向社会推出自己的黄金业务，与中国银行不同，不仅经营纸黄金，也经营自主品牌实金。一些民营商业银行如招商银行、深圳发展银行也进入了黄金市场。银行柜台黄金市场已有了初步发展，但与满足民众的需求，并得到认知还有很大的距离。

自 2007 年下半年，上海黄金交易所开始通过各商业银行在全国范围内发展面向个人的实物黄金投资业务，收效非常明显。当年开户数即达到 6.7 万，个人黄金交易量达到了 17 吨，同比涨幅近两倍。这也是当年我国金条囤积大幅上升的一个主要原因。但是，总的来看我国黄金交易平台的现状与方便、安全、成本低的要求还有很大距离。

2. 法规制度的完善

现在我国黄金管制已经解除，已可自由买卖，但《金银管理条例》至今仍未正式宣布废止，从一定程度上说，目前推进的所有黄金市场化改革都属"违规"作业，这反映出我国黄金市场化建设中的法制建设的滞后，而这一状况如长期存在可能会给"藏金于民"的推进产生极为消极的影响，甚至会产生社会混乱。

黄金是一种贵重而又与货币密切相关的特殊商品，市场开放的初期，由于体制不健全，在交易过程中如无相关法规保证，很容易出现讹骗行为，在交易规模很小时其影响是有限的，但随着藏金于民的步伐加快，规模加大，出现问题的影响会成为一个大的社会问题。

另外，黄金不仅贵重，而且流动性极强，极易变现，一些不法之徒也很容易利用体制缺陷进行非法套利、套汇和"洗钱"活动。因而在推进藏金于民时，必须重视相关法规的建设，杜绝消极因素酿成社会大祸。

法规建设对于民众的利益保护和企业利益的保护，以及国家利益的保护都是至关重要的，是规避市场风险的有效途径。我国实现黄金市场自由交易后，原定建立与改革相适应的新的黄金管理法规体系的改革目标并未实现。只有上海黄金交易所制定了若干市场交易的内部管理制度，这些制度对上述可能发生的社会性问题没有根本性的规范作用。法规建设滞后，市场缺乏法制条件也正是商业银行、民众行动慎重的重要原因之一。

3. 变现机制的完善

民众藏金是为防不测，所以当需要变现时有良好的保证机制，才能使民众有强烈的选择愿望。在过去黄金也可以变现，那就是把黄金或制品卖给人民银行，虽缺少灵活性而且是低价收购，但因那时民众存金很少，多是做财富储备，故对于变现机制的要求不高。当今天藏金成为民众日常家庭理财的一种手段之后，对黄金变现机制的要求就高了，因为这已是和民众家庭切身利益密切相关。因此，黄金变现机制的完善就成了一个重要的问题。

首先，是要求公正、公平。为此，要形成透明、规范的变现通行规则，而现在市场上一些商家已承诺对金条及黄金制品回收变现的责任，但其规则是商家一家之言，缺乏对一般民众消费者的利益保护，而欠公正、公平。

其次，是要求便捷、可靠。目前只有部分厂家承诺自己的产品，可以在其指定的地点，按其规定的条件变现，很难说可以做到便捷、可靠。各商家只能各敲各的锣，各唱各的戏，不能形成一个覆盖全国城乡的统一销售网络，难形成统一的运行工作体制，而给藏金民众的变现带来诸多不便。

最后，是一个成本问题。由于缺乏充分的市场竞争，目前各商家推出的黄金变现规定的买卖价差过大，也就是藏金的变现成本高达 5% ~ 10%，比国际上高出数倍，甚至 10 倍以上。变现成本高也是影响藏金于民的一个重要因素。一个有远见，以拓宽市场为己任的企业家都应正确地摆正近期与长远利益的关系。可以预言降低变现成本将是今后各商家争夺客户，提高市场占有率的主要手段。

4. 文化体系的完善

虽然中华民族有浓厚的黄金情结，但毕竟黄金已远离了民众多年，我们的黄金情结大多是对父辈们朴素的生活感知的继承，在新时代要做一个超越父辈们的自觉藏金者，还需有更多的理性认识。现在与过去已有众多的不同，对于"藏金于民"应有新的理性思考，文化体系需要发展完善，它将决定未来藏金于民的发展走向。

对于藏金于民新的理性思考应回答：黄金的当代社会定位，由此而形成的藏金于民的经济价值和社会价值；当代藏金于民的正确途径与市场架构；当代藏金于民的政策体系构建等。看起来回答这些问题似乎还很沉重，但我们必须看到旧的藏金于民的文化内涵面对当今社会已显得有些单薄，而难以给当今藏金于民更大的理论支撑力。这就是藏金于民从社会表层看已被社会一致认同，反对的声音并不大，但真正的推进速度并不快的深层原因。这种表层的认知与共识极易被一些"杂音"所干扰，所动摇。因此，这是必须要过的重要一关。

推进新世纪藏金于民文化体系的建立，社会媒体承担着重要的社会责任，因为只有广泛地宣传和引导，社会主流意识才能逐步形成。然而不正确的宣传与引导也会误导民众，对正确的社会主流意识的形成造成消极影响，是必须力求避免的。媒体的社会责任是正确方向的引导，而不是为猎奇而炒作，而目前媒体往往是炒作多于深入的理性思考。

　　21 世纪，我们呼唤、推动藏金于民是对我们祖辈们历史情结的继承，更是对祖辈历史情结的广大而赋予了时代的内涵，铭刻了时代的特征。对于藏金于民我们有所期待，有所希望！

第四部分

市场化时代黄金企业发展
的相对论

21 世纪的第一缕阳光首先会光临地球哪一个地方的争议还未在我们耳边散去，但我们的双脚踏入 21 世纪已有好几个年头了。对于我国黄金产业来说，进入 21 世纪不仅仅是一个时间的概念，而是进入了一个与之前数十年完全有别的新的生存与发展环境，迎来了全面市场化新时代。于是，近期在黄金行业中形成了对市场化新一轮的讨论。

1993 年黄金行业对市场化的呼唤是那样的慷慨激昂，或许是源于金价并轨便可翻番的现实诱惑，总之首先看到的是市场的阳光洒满大地，因而在憧憬中有几多乐观，而乐观中又有几分盲目。当走向市场的实践中经历过风雨的洗礼之后，今天，在行业内对于"黄金企业该如何在市场化时代一路走好"的思考和论争在更高层面上展开。但不应总是空泛地重复"机遇与挑战同在"的论调，而应静下心来，从行业发展的历程着手研究，并结合现实探讨在市场化时代发展所面临的困惑内核，找出自己的前进之路。我国黄金企业由计划体制转向市场体制是一个历史的必然，但是这个转轨选择并不意味着每一个黄金企业都可以获得成功，这就是黄金企业市场化时代的发展相对论。

一、转轨：一个新时代的话题

市场经济体制的确立与发展极大地改善和提高了我国社会资源配置与使用效率，焕发了中华民族巨大的生产潜能，但是，我们对市场经济的选择是在经过了多年的经济建设的挫折和多年的思想认识拨乱反正之后才逐步达成了社会的共识。为此，我们付出了数十年的时光和数万亿元的社会财富。

如果在一个更大的视野上观察，这种选择并不是我国所特有的。改革不仅发生在原来的社会主义国家，20 世纪 80 年代以后，一些资本主义国家的经济改革也都包含着众多的转轨内容。让更多的市场机制在社会经济领域发挥作用，已经成为当今经济改革的潮流。但是，人们选择了经济转轨目标，并不意味着转轨一定可以成功。这是因为计划经济与市场经济并不具有天然的兼容性，因而不能自然地实现从计划经济体制向市场经济体制的转轨。而且转轨的实践是前人所未经历过的，具有探索性和创新性。既然是探索，便会有挫折和反复。俄罗斯采取"休克疗法"的经济转轨模式，使社会生产力大破坏的教训，至今仍使人们记忆犹新。如何转轨成功？这是新世纪面临的一个世界性话题。因而在经济学体系中出现了一门新的理论学科——转轨经济学。我国的经济改革取得了实实在在的物质成果，因而受到了国际社会的广泛好评，但是同样是在探索中前行，挫折和反复时有发生。如医疗体制的市场化改革已基本上被认为是失败的，而推倒重来；教育体系的市场化和产业化的弊病日益彰显而被质疑等，表明我们对经济转轨的规律性认识还远远没有完成。改革的探索仍在进行。面对市场化时代的黄金企业何尝不是如此！

　　进入 21 世纪，黄金企业全面进入了市场化时代，转轨任务在一个更高层面上被凸显了出来。事实表明，黄金市场化改革并没有因上海黄金交易所的运行而达到终点。黄金企业的制度改革与创新也没有完成，而是新的课题正层出不穷。为此，黄金企业如何面对市场化时代的讨论已成为一个行业内的广泛话题，但是对于这个话题的讨论，最后往往是以"挑战与机遇同在"做结。"挑战与机遇同在"的结论并不错，只是这种高度概括在今天不仅显得浮泛苍白，而且有些老套。改革的实践需要我们突破"老套"与"浮泛"，去探索那些各种表象后面的未知，去把握现象所反映出的规律性要求。

二、并不是每一个企业都是成功者

　　市场化的成功对于黄金企业来说，首先是一个企业如何适应环境变化的问题。我们是内因论者，认为一切变化的决定性因素是内因，而外因只是条件。内因论认为人类有能动性，可以能动地改变或适应环境。但是我们必须承认环境是第一性的，企业是第二性的。

　　企业作为人类的一种生产组织，生产商品和服务是基本功能，但所需一切生产要素皆来源于自己生存的客观环境，而其生产的产品又必须归之于环境，因而企业只能与环境保持正常的新陈代谢，企业才有生命力，才有发展力。如果因企业内部运行机制与环境不适应，经常与环境发生许多摩擦与碰撞，甚至自我封闭与环境隔绝，就会使企业正常的新陈代谢受阻，严重者就会终结生命。

　　因为环境是第一性的，所以适者生存是大自然的普遍法则，这一法则左右着地球上物种兴衰更替，反映在人类社会中，它左右着社会组织的兴衰更替。对于适者生存的自然法则很少会有人提出异议，并会将其作为自己行为的准则，但是倒在这一法则面前的人和组织并不罕见。这是因为——

1. 适者生存，知易行难

　　承认适者生存不难，但做到适者生存却很难。首先是因为人们对环境变化的认识存在滞后性。环境的变化初始往往是部分而不是全局性变化，是从隐性变化再到显性变化，因而不易被察觉，认识上的滞后必然会导致行动上的滞后，最后出现企业行为与环境要求的矛盾，轻者造成发展的受阻，严重者造成企业的倒闭。从这个意义上讲，适者生存，知易行难。其次，环境的变化是连续不断的过程。因而企业要适应环境的变化就必须随时与环境形成互动，在一段时间内做到这一点不容易，长期做到这一点更难，所以可以有许多企业"明星"，但能够做到百年长青的企业很少。从这个意义上讲，也是适者生存，知易行难。

　　改革开放的 30 年，是我国黄金企业发展环境发生巨大变化的时期。经济环境的变化主要表现在以下三个方面：

　　（1）经济管理体制已由传统的计划管理体制变为了市场主导的管理体制；

　　（2）发展环境由相对封闭、垄断变为了日益开放、竞争；

　　（3）市场结构由供给相对缺乏的卖方市场变为需求相对不足的买方市场。

这三大变化发生在经济环境的不同侧面，但之间存在关联性。其核心和关键性的变化是经济管理体制的变化。从某种意义上讲，上述第（2）、第（3）种变化都是经济管理体制变化的结果。所以，我国工业部门适应宏观环境的变化所需做的种种改革，归根到底是如何适应经济管理体制的变化，建立起与市场经济体制相适应的管理体系和运行机制。这是我国工业部门所面临的一个普遍性的发展课题，对于黄金企业来说，解决这个课题更是任重道远。

由于黄金具有硬通货的功能，所以"黄金特殊论"曾长期是我国黄金行业发展的战略性指导思想，是黄金企业发展的理论基础，以此建立起了严格的计划管理体制。我国 20 世纪 90 年代是市场经济体系加快推进的时期，黄金企业的发展环境也迅速地发生了日益深刻的变化，但是"黄金特殊论"直到这时的中后期仍在黄金行业内占据主导地位，使人们缺乏对环境变化的敏感性，因而也缺乏内部调整的紧迫性，所以在 1993 年黄金市场化启动后，即出现了一个长达 6 年的沉寂期。黄金产品市场化改革直到 10 年后的 2002 年才算完成，成为我国市场化进程推进最滞后的行业之一。世间之所以有万物，是各种物种之间存在差异性的结果，但是，这种差异性也是存在于与环境相适应的前提之下的。如与生存环境不相适应，不仅不能保持自身的特殊性，而且还会导致物种的消亡。在黄金企业发展环境市场化明朗以后，黄金行业一度还希望以"特殊论"来作为维持原有的行业管理体制的理论依据，希望延续使用行政的力量支撑这一管理体系的运行，但结果表明，为此而做出的种种努力和实践都是无效的。

环境第一性，企业第二性使然。

在黄金市场化改革的进程中，"黄金特殊论"一度成为主要的思想障碍的事实也说明，适者生存，知易行难。

2.1 +1 不一定等于 2

我国企业转轨的过程中，一批企业迅速崛起，同时也有一批企业以前所未有的速度衰落。企业以前所未有的速度兴衰更替，在短短数年里就可以成长为行业的"霸主"，但仅几个月的时间里一个企业"明星"又会顷刻垮掉。现在市场上已无常胜将军，但企业中不乏对环境变化敏感，而又努力为做"适者"而积极实践者。而事实表明，认识了适者生存法则，并努力实践者也不一定能够成为"适者"，取得成功。实践努力的结果不一定是1＋1＝2，这是因为人对事物的认识是渐进的，在每一个时期都有其局限性。只有少数人或是因其具有的超人才能，或完全是偶然性使其把握到正确的方向选择和有了正确的工作措施，而许多人的努力只是为正确认识的达成付出了学费，为他人的成功做了铺路石子，而他们只有付出，没有回报，失败得很悲壮。正是因为如此，在大自然面前人类是个弱者。顺者昌，逆者亡，与自然和谐相处已成为发展法则。

适者生存是一个客观存在的运动法则，无论人们遵守与否，它都会发挥作用。"人定胜天"只不过是人类单方面迸发出的豪言壮语而已。但在主观能动地去适应环境方面，人类却占世间众生灵之先。所以如果环境是稳定不变的，那么人类经过不断实践，也不难总结出一套长期有效、用之不尽的企业适应学宝典。问题是，客观环境是不断变化的，一旦环境条件发生变化，企业就必须对自己的产品结构做出调整，为此企业的人力组织也必须相应变化，随之而来的是管理体制的变革等。企业不断地面对新情况，需要不断调整变化，以往的经验可以借鉴，但不能照搬，必须探索新的道路。由于人的认识存在渐进性和局限性，变化的加快，也便增加了犯错误的几率，谁也不能保证在每一次面对变化时都能百分之百地正确应对。客观环境变化加快不仅增加了工作的难度，而且增加了失败的可能性。在计划经济体制中，企业处于一个相对封闭，因而相对稳定的发展环境中，有一套固定的管理与运行规则长期不变，所以对环境事物认识局限性的矛盾远没有今天这样突出。另外，环境变化表现繁杂，企业必须能够从中分辨出哪些是未来方向性、本质性的变化，只有针对这样的变化采取有针对性的措施，才能取得发展的主动权，如果是盲目地行动，或者找错了变化方向，一切努力就不是促进发展，而是造成资源的浪费和对发展的阻碍。但只有最优秀的企业才能敏锐地抓住环境变化的总趋势，并迅速行动，抓住机遇。而当环境变化已十分明显，成为普遍认知时再采取行动，为时已晚，因为别人已远远地跑在了前面。因此，应对生存环境变化不是一蹴而就、一变就灵、一变就可摆脱困境而取得成功。成功有必然性，也存在偶然性。

1993 年确定了黄金市场化改革取向，为了迎接黄金行业的市场化时代，不少黄金企业闻声而动，纷纷进行多元化经营，为此投入了大量资金。今天回首，成功者寥寥，积极行动不仅没有增加企业对市场经济的适应能力，反而造成了不少后遗症和资源的浪费。一些积极的行动者因此背上了包袱，处于被动状态，而一些按兵不动的"保守派"却逃过一劫，在之后赢得了一定的主动权。所以并不是每一次行动都是前进，并不是每一次耕耘都有收获。1 + 1 不见得等于 2，在数学领域是绝对的谬误，而在现实的经济生活中却得到了一次次印证。

因为要改革，所以必须对传统经济体制进行批判，但是出于义愤而对计划经济的鞭挞，往往会使人产生对市场经济的美好遐想，然而市场经济不是普度众生的"观世音菩萨"，市场公平但不仁慈。在市场化时代黄金企业发展所受到的环境压力，远远高于计划经济时期。在计划经济体制时期受到国家格外关照的黄金企业，那时受到的保护和支持是多方面的，难怪至今还有人十分怀念那时的时光。无论是一个国家，还是一个企业，选择否定自己的过去，开始艰难地转轨，从一定意义上讲都是在环境压力下的被迫，很少是一种自觉的主动，这个矛盾因我国黄金企业的特殊成长之路而更加严峻。

三、计划经济的最后一个"堡垒"

一般认为，我国黄金工业的快速发展起始于 1975 年。那时正是"文化大革命"的后期，各项经济建设普遍遇到了挫折，但此时黄金行业却一反常态，受到国家的高度重视，给予了全力以赴的支持与推动，凸显了黄金工业在当时经济中的独一无二的特殊地位。

从那时起至今的 30 多年的时间里，黄金产量增长的幅度有波动，但总体保持了持续增长的趋势。到 2002 年黄金产量已达 189.81 吨，是 1974 年 12.74 吨的 14.9 倍，在世界黄金总产量的份额由 1.3% 上升到 4.7%，是当今世界黄金矿业中发展快速的国家之一。因此我国黄金产量在世界的排名也由那时的第 9 位上升到第 4 位。我国黄金工业起步发展的动力是源于解决我国外汇短缺，因而我国黄金生产力的发展具有特殊的经济内涵：我国黄金生产从 1949 年建国就被置于一个严格的计划管理的环境之中。一直到 1993 年，国务院在相关文件中才正式明确了黄金市场化改革取向，并于当年实现了国内金价与国际金价接轨，由固定金价变为浮动金价制，开始迈入市场化改革的历史阶段。又经过 10 年的时间，2002 年时实现了黄金交易方式的市场化。至此，我国黄金行业才初步形成了市场化的发展环境，所以在新中国的历史中黄金企业大多数时间是生存在计划经济环境之中，具有以下特征：

（1）黄金生产实行指令性计划管理，黄金企业以完成国家的指令性计划为最大工作目标，黄金生产国家指令性计划一直延续到 20 世纪 90 年代初期，这在当时是为数不多的行业之一。

（2）黄金产品实行国家统收统配制度，计划分配是黄金资源配置的唯一合法途径。国家对黄金实行管制政策，禁止自由买卖黄金。这个政策一直延续到 2002 年，长达 53 年之久。

（3）黄金地质资源属于国家垄断性开发资源，国家曾长期禁止外资和民间资本进入。在对外合作项目名录中，黄金地质资源开发属于外商禁止进入的 A 类项目。进入新世纪后，它才被调整为受限制的 B 类项目。这直接导致在我国的黄金企业结构中，国有国营企业形态占主导，国家资本占有绝对优势。

（4）对黄金矿业实行特殊的经济政策。不仅把发展黄金矿业作为一项经济任务，而且更被视为一项政治任务。因而在以指令性计划保证黄金矿业投入资源的同时，还动员强大的行政力量保证黄金矿业的发展，从而国家也拥有了绝对调控权。

黄金矿业的这种严格的计划管理环境，即使在我国计划经济管理体制主导时期也具有特殊的个案性质，而且 1978 年我国改革开放以后，虽然改革的不同时期对市场经济的认识与说法不一，但总的发展趋势是不断增加社会经济中的市场经济成分，各行各业纷纷转轨变型，使得黄金行业发展环境日益市场化，但这时国家仍然是不断强化黄金统收统配工作体制，增加对黄金企业的计划管理力度，使黄金行业成为 20 世纪 80 年代我国经济改革浪潮中的一个另类。

（5）虽然黄金管制在新中国成立之日起便已实行，但正式以法规的形式颁布确立却是在改革开放 5 年后的 1983 年。这一年颁布的《中华人民共和国金银管理条例》，正式将统一管理、统购统配法规化，把黄金计划管理规范化。

（6）黄金发展基金制度曾是黄金矿业发展最重要的经济政策。它创立于 1979 年，但完善和发展于 20 世纪 80 年代，并一直延续到 90 年代中后期。这一经济制度是建立在黄金产品统收统配和国家定价的基础之上的，并通过这一制度将黄金统收专营管理的相关方面的经济利益融为一体，成为维护和巩固这一体制的经济纽带。

（7）从 1988 年开始对黄金地质资源矿产实行保护性开采政策，这一政策虽有保护矿产资源、防止破坏性开采的正面意义，但该项政策成为禁止外资和民间资本进入黄金矿业的政策基础，衍生出"禁止个体、限制集体、发展国营"的黄金矿业发展政策，使黄金企业的封闭性增强。

（8）我国经济体制改革的一个重要指导理论是"企业本位论"，即要使国有企业成为自主经营、自负盈亏、自我发展的经济组织，因而 20 世纪 80 年代总的改革趋势是政府放权，减少干预，扩大企业自由权。但对黄金行业 1989 年底国务院决定成立"国务院黄金工作领导小组"，成为国务院的一个非常设机构，各地方政府也陆续成立了相应机构，加强了对黄金企业的直接干预力量。

（9）1992 年党的十四大明确了市场化目标，建立社会主义经济体制成为我国经济改革的方向。在这种政治经济背景下，全国市场化进程全面提速，黄金统收统配的计划体制受到冲击。

1993 年，各地民营黄金市场兴起。但即便是在这种情况下，有关方面仍将改革的行为限制在原管理体制之内，并重申黄金管制，禁止民营黄金市场的发展，使黄金统收统配计划管理体制一直延续到 2002 年，黄金行业成为我国市场开放最晚的少数产业之一。

通过历史的回顾，可以清晰地看到，我国黄金行业不仅是一个长期在计划经济环境生存发展的产业，黄金市场化较一般商品生产行业滞后了 10 余年，当其他行业开始大步迈向市场时，黄金计划管理体制却不断强化，因而在 20 世纪 90 年代被称为是"计划经济的最后一个堡垒"，并非是无端的妄言。

了解"计划经济最后一个堡垒"的事实，对于进入市场化时代的黄金企业发展具有以下意义：

首先，是要认识到长期受计划经济陶冶与锻造的黄金企业，形成了与计划经济体制息息相关的政策体系、运行机制和发展模式。当发展环境全面市场化以后，黄金企业必须进行发展思维、管理体制、组织机构和运行系统的全面改革与重建。因而新世纪，黄金企业已进入了一个全面制度创新阶段，没有制度创新，黄金企业的转轨就不会成功。变革是全面的，根本性的。

其次，对于黄金企业在新世纪面临的发展形势并不是所有的人已达成共识。基于思想上和感情上有与原计划体制的千丝万缕的联系，使一些企业难以割舍，相当一部分黄金企业的改革实际还停留在原体制上"修修补补"的应对之策。当然也有一些企业走出了一条创新之路。所以短短数年之内，两者之间就出现了明显差距。

进入 21 世纪，黄金企业体制转轨仍有创新与改良的两种不同的选择。从短期看，修补性改良之路风险小，成本支付较少，但从长远看，这将为企业的萎缩埋下隐患。创新之路，具有发展的后劲而成为未来的发展方向，但也有不确定因素，而蕴藏风险。选择哪一条路？这又是一个知易行难的问题。

一个企业的现实条件与企业领导人的素质又成为选择的制约条件，不是想做就能做，也不是只要做就一定能够成功。但有一点是可以肯定的，进入市场化时代的中国黄金行业的重组与格局的盘整，已经出现了快速推进的局面，在计划经济体制中形成的优势企业，在转轨过程中会因制度创新的滞后而迅速衰落。先行转轨成功的企业将成为行业的引领者，过去的辉煌和权威都将被抛弃而成为逝去的历史。

四、从要素市场到产品市场的渐进

我国经济的市场化是一个渐进的过程，因而黄金行业也经历了一个从要素市场到产品市场渐进式的改革过程。

1978 年底，党的十一届三中全会决定将党的工作中心由阶级斗争转向经济建设，但对如何进行经济建设却成了一个争论的焦点。党的十二大提出建立有计划的商品经济；党的十三大提出计划经济与市场经济相结合；1992 年邓小平一锤定音，终于在党的十四大上确定以建立社会主义市场经济体制为中国经济改革的最终目标；2001 年中国加入 WTO，标志中国经济运行规则与国际市场规则全面接轨；2006 年是中国加入 WTO 5 年过渡期的结束之年，中国经济全面融入世界市场体系。虽然我国黄金行业是计划经济影响和束缚最大的行业之一，但发展环境市场化的推进，也必然使黄金企业的市场化渐进发展。人为的因素在一定的时间和范围内可以对市场化进程产生影响，但绝不能永久地保持一个特殊计划经济"阵地"，环境第一性，企业第二性使然。一般企业的市场化首先是从 20 世纪 80 年代中期产品市场化开始，而后逐步发展到生产要素市场化，再到全面进入市场，实现运行机制的转轨。而黄金企业产品的市场化较一般产品的市场化滞后得多，是先实现生产要素的市场化，后实现产品的市场化，所以在一段时间内是在"一头放开，一头管制"的状态中运行的。

具体而言，先是生产资料在 20 世纪 80 年代末随着"双轨制"的取消，对黄金企业的生产资料分配指标也不复存在，生产资料的配置首先实现了市场化；之后，1993 年国内金价与国际金价接轨的同时也取消了黄金发展基金和银行贷款优惠，黄金矿业发展资金的信贷实现了市场化。市场直接融资的开放直到 2003 年才得以实现。其标志是这一年 8 月 14 日、8 月 23 日中金黄金股份有限公司和山东黄金矿业有限公司先后在上海证券交易所上市；12 月 23 日福建紫金矿业集团股份有限公司在香港联合交易所挂牌上市。黄金企业人力资源的市场化是随着 20 世纪 90 年代初我国人事制度的改革起步的，到 90 年代末基本上完成了职工身份的置换，合同制已成为当今黄金企业用工制度的主流。从黄金生产发展基金衍生出的黄金地质勘探基金始于 1986 年，一直延续到 1997 年终止。从此黄金地质资源转向了市场化管理体制，因而 20 世纪 90 年代的中后期已实现了地质资源配置的市场化。但是，由于长期的条块分割管理体制的影响，我国统一的地质资源的市场的形成虽尚有一段距离，但方向明确，而且已成为唯一的选择。原来的计划分配，无偿使用的地质资源供给体系已不复存在。

总之，黄金企业发展资源市场化在新世纪之前基本完成，但是黄金产品直到新世纪之初的 2002 年才实现了交易方式的市场化。如果从 1993 年国务院明确黄金市场化改革取向算起，整整用了 10 年的时间；如果上溯到国家恢复黄金制品市场供应的 1982 年，至今已过去了 21 年。但黄金交易方式的转变并不是黄金市场化目标的完成，而是一个新的改革阶段的开始。所以黄金产品的市场至今尚处于不断深化、发展的过程之中。

黄金产品市场化是进入市场化时代的我国黄金行业的重要特征，黄金产品市场化前后经历了四个历史阶段：

1. 1982 ~ 1992 年

这 11 年是我国黄金首饰需求市场发育形成的历史时期。1982 年，我国恢复了黄金首饰市场供应，当年需求量不足 1 吨，到 1992 年已高达 340 吨，成为仅次于印度、美国之后的世界第三大黄金首饰消费国，是当年我国黄金产量的 3.02 倍。这一市场的形成为黄金市场化改革奠定了转轨基础和具备了产品走向市场的前提条件，为我国黄金市场开拓了一个很大的黄金商品市场需求空间。

2. 1993～1998 年

这是中国黄金市场化进程中的一个关键时期。1993 年，国务院明确了黄金市场化改革方向，并推出了相应的改革措施。在这一时期主要完成的是黄金市场价格机制的发育改革：

（1）黄金价格由固定价格制转变为与国际金价接轨的浮动价格制。

（2）黄金价格由国家审批制转变为由中国人民银行根据国际金价变化自主调整。

但这一时期的黄金价格机制的改革都是在黄金统收统配管理体制中进行的，仍然没有摆脱行政定价，并不是真正意义上的市场价格机制。但因此国内黄金价格日益与国际金价变化同步，市场价格导向在黄金矿业发展中的作用日益增强，为黄金统收统配计划体制的破除准备了条件。

3. 1999～2003 年

1999 年对黄金统收统配的计划管理体制的改革被提上日程。为慎重起见，有关部门起始仅是试验性地在部分地区、部分环节上进行改革。1999 年底作为黄金统收统配体制改革的第一步率先放开了白银管制，实现了白银市场自由交易。此后开始了放开黄金管制的改革，取得了以下改革成果：

（1）2002 年 10 月 30 日上海黄金交易所正式运行，标志着黄金交易实现了由计划方式向市场方式的平稳过渡，黄金管制放开。

（2）2003 年黄金许可证制度取消，黄金加工、批发、零售全面放开，黄金产品放开管制。至此，黄金统收统配制度宣告结束。

在这一阶段主要是完成了黄金及黄金制品的交易方式由计划指令分配向市场自由交易方式的转变。这一转变曾被视为我国黄金市场化的最终目标，而成为当时中国人民银行黄金管理改革方案的核心内容。但是，随着改革的推进，人们的认识也在深化，其中最为集中的一点是，这种以实金交易方式变革为核心的黄金市场化改革，主要是着眼于商品黄金市场，而商品黄金交易仅是市场交易的极小的一部分，大量的是黄金投资所形成的交易量。而以商品黄金自由交易为目的建立的交易市场，无论是市场所提供的产品，还是其平台功能都难以满足黄金投资的需求。所以我国在完成黄金交易方式变革后，黄金市场功能发育又提上了改革日程。

4. 2004 年以后

以 2004 年 9 月 6 日中国人民银行行长周小川在上海发表的"三个转变"的讲话为标志，我国黄金市场化开启了一个改革的新纪元。这是一个发育和完善我国黄金市场投资功能的历史时期。

上海黄金交易所是一个面向少数企业法人的现货实金交易市场，在开业之时，时任中国人民银行行长的戴相龙就指出："（上海黄金交易所）在完善现货交易的基础上，要积极开发黄金投资产品，逐步建设成为金融投资业务为主的金融市场。"此后的两年中，为推动黄金市场投资功能的发育，社会各界做了大量工作。再到周小川行长提出我国黄金市场今后要实现"三个转变"，即由商品交易为主向金融交易为主转变；由现货交易向黄金衍生品交易转变；由国内市场向融入国际市场转变。对黄金市场化改革的发展明确了方向与目标，改革进入了一个新的历史时期。

有关专业人士认为，黄金市场交易平台的延伸、黄金交易产品的创新和黄金市场交易及管理法规体系的完善是这一历史阶段改革面临的三大任务。

虽然黄金市场化改革尚未完成，黄金市场体系尚在发展之中，但黄金交易方式市场化的完成，使黄金企业发展环境的市场化条件已基本完整。黄金企业在新世纪已进入一个市场化时代，发展环境与原来的计划经济时代已完全不同，企业发展理念、行为选择原则、追求目标的确立，以及企业结构的构筑等都需要较大的调整变化。黄金企业已经在转轨的道路上跋涉了多年，今天，新世纪还要攀上一个新高度。

五、指令源：一个发展的基本问题

发展，是企业的目标，也是企业的行为。发展行为不是盲目的，而是一种根据行为指令的指示有目的的行动。所以企业行为指令，是发展的一个基本问题，那么，企业发展行为指令从何而来？

在计划经济管理体制中，黄金企业行为的指令来源于上级的计划，生产多少、价格多少、生产资料配置多少及从何而来，都由计划明确，企业只是按章办事。在这样的体制中，企业发展缺少的是自主，但没有风险。在市场经济体制中，企业以上指令皆来源于市场，不仅行为指令的来源变了，而且由被动地接受指令，变为主动获取指令，因而接受指令产生后果的责任人，也由行政管理机关变为企业；在市场信息繁杂、真假混淆的情况下，从市场上捕获正确的行为指令需要具备很强的信息处理能力，同时也增加了决策的风险性。

因为黄金企业经历了一个从生产资料到黄金产品渐进的市场化进程，黄金企业对于生产资料市场信息的捕捉与处理能力经历多年的锻炼已有很大提高，另外由于多数生产资料已由卖方市场变为买方市场，黄金企业作为买家也有了更大选择权。因而生产资料市场指令对黄金企业发展行为未产生更多的负面影响。而新世纪黄金企业面临的一个新问题是黄金产品市场化，黄金产品市场指令的捕捉与处理是一个新的课题。

黄金产品市场指令的核心是价格变化信息，其意义有三：一是价格是供求的平衡点，供大于求价格下跌，求大于供则价格上涨。价格变化，可为生产提供增产还是减产的信息指示。二是价格是引导社会资源配置的方向标。市场资源配置的原则是效益优先，价格上涨的产品有更好的盈利空间，因而就会有更多的资源流向这个领域，使这个领域的生产增加。如果情况相反，就会有更多资源撤出这个领域，而使生产量减少。投资者就可以根据价格变化信息决定自己的投资方向。三是价格是交易主体间利益格局的调节器，不同产业间的利益分配调整，以及不同的市场参与者的利益分配调整都是通过价格变化实现的。在一般情况下，价格上涨则利益分配向生产者倾斜，价格下跌则利益分配向消费者倾斜。

总之，市场价格机制是市场实现资源配置功能和利益调节功能的关键，因而在市场化时代黄金企业把握市场价格变化是发展的一个最基本的问题，也就是最重要的。在计划经济体制中，黄金企业也十分关注金价，但是那时的价格机制作用远没有今天这样突出。其原因，一是价格变化的主动权在国家主管机关的手上，黄金企业是被动的执行者，而今天有了选择权和应对权。二是过去在价格杠杆之外，国家还有其他，如税收、信贷等对生产者的经济利益给予保证，而今天黄金生产者的经济利益基本上只能是通过市场价格机制来调整和实现。三是在市场化时代的金价已由过去的固定价格变为了浮动价格，变化的频率大大增加，影响变化的因素也大大增加，把握价格变化趋势的难度大大增加了，市场行为指令具有了不确定性，因此而产生的风险也大大增加了，因而规避价格风险已经是市场化时代的黄金企业发展的头等大事。

今天，黄金企业选择在哪一个价位上进行产品交易，会直接影响到企业的现金收入的多少和盈利水平的高低。在相同的生产成本和资源赋存的条件下，因对交易时机的选择不同，获得的即时交易价格不同，而使企业生存状态和发展前景出现巨大的反差。但是只有对即时金价变化的准确把握还不够，因为从事黄金矿业开发是一种长期投资行为，需要 10 年，以至数十年才能逐步回收全部投资，所以要对远期金价走势做出准确判断，以保证投资决定的安全，否则就有可能产生投资失误。而且为了规避即期交易价格风险，黄金生产者往往会使用提前销售合约，但也必须对远期金价做出正确把握，否则不仅不能规避风险，反而造成了直接的经济损失。但是，正确把握价格的变化存在众多难点：

黄金现货交易只能产生即期交易价格，黄金期货合约交易才能产生远期价格，所以今后我国黄金企业不仅要学会现货即期交易，还要掌握期货远期交易。目前，我国黄金期货远期交易市场发展尚处于初级阶段，交易产品及市场条件均有待于进一步发展，许多黄金企业对于远期交易还不熟悉，运用还不熟练。这在一定程度上会增加黄金价格风险。这是正确把握价格走势的难点之一。

国际上在 20 世纪 70 年代以前（我国在 1993 年以前），黄金实行固定价格制。金价曾经在数年、数十年，甚至百年内基本保持不变。在那时，不仅现货价格便于把握，而且远期价格也很少背离即期现货价格，价格风险很小。此后，金价每时每刻都在变动，而且影响变动的因素更加复杂：在基本面上有黄金供求关系变化因素；在技术层面上有政治与经济事件的突发性影响因素。而且由于黄金千年不朽，数千年来生产的黄金存量越来越多，到2008 年已超过了 16 万吨。从理论上讲，这些黄金随时都可以进入市场成为供应量，而什么时候、有多少数量进入市场是没有规律可循的。另外，由于黄金还是一种金融投资产品，大量的交易是出于锁定价格规避风险和投资盈利的纸黄金交易，其受国际政治经济变化的影响较大，需求量与投资者心理判断有关，还有较大的投机性。因此，投资者何时入场、有多少资金进入黄金投资市场也都具有很大的不确定性和突发性。这两方面的因素决定了对金价趋势的把握比股票还要困难。这是正确把握金价走势的难点之二。

基于金价波动的难以把握，为了减缓价格风险的冲击，人们不断地寻求解决之道并研发出日益丰富的金融黄金衍生物，产品越来越复杂，黄金产品销售日益和金融投资融为一体，操作的难度也随之加大。金融衍生物的发展，一方面增加了把握金价变化的手段，另一方面也增加了市场中的泡沫，放大了风险。搞不好，不仅规避不了风险，反而引来灭顶之灾。以上是正确把握金价变化走势的难点之三。

作为短期的投机者，他更为关心的是金价的波动，因为短时的波动就可能会有获利的机会，他随时可以进入，也随时可以退出，而不必关心金价的长期走势如何。而黄金矿业投资者作为一个长期投资者，则必须要对数年甚至更长时间内的金价走势做出正确判断，并且要努力影响金价走势以有利于投资者，保证投资回收和获得更多经济利益。要拉动长期金价走势，必须在更大的范围、更高的层面上开拓市场需求，提升市场的人气和产品的亲和力。对此，黄金企业管理不仅需要从生产现场延伸到产品市场，还需要进一步延伸到社会环境；不仅需要发展黄金产品市场，还需要打造黄金文化，形成崇尚黄金的文化理念和社会氛围。依靠物质的力量开拓市场，我们较为熟悉，但依靠文化精神的力量开拓市场却有些陌生，也没有前人之路可寻。这是我们正确把握金价走势的难点之四。

进入市场化时代的黄金企业发展需要获得正确的市场指令，而面对的现实是从市场获得正确的行业指令存在巨大的难度，主要矛盾不是生产要素信息的获取，而是黄金价格信息的正确把握，然而以上把握市场金价指令的难点的存在，表明获得市场正确的企业行动指令并非是容易的事，这是对黄金企业管理能力的挑战。由于市场指令把握可能会是错误的，因而也可能导致错误的行为，而错误的行为会使企业走向死亡。事实已经证明，市场经济创造了巨大的社会生产力，但是，这是通过企业的优胜劣汰实现的。因而进入市场化时代的黄金企业存在着两个完全不同的结局：发展或萎缩，前景具有更大的不确定性。不仅企业前景具有不确定性，而且不确定性是市场经济的一个基本特征。不确定性孕育着发展的机遇，也包含着失败的风险。

巨大发展机遇与巨大风险的并存说明了获得市场信息的重要性，增加市场信息收集、分析、处理能力是走向全面市场化的我国黄金企业面临的一项紧迫而重要的任务。然而对黄金企业来说这是一个陌生的领域，从机构的设置、人员的培养到机制的建立往往都需从零开始。

六、不确定性：黄金企业的风险之源

万里无垠的大海风平浪静，任人驰骋，但在风的鼓动下，又会波涛汹涌，在大海航行的人们稍有不慎便有可能舟倾人亡，因此也留下了许多惊心动魄的与大海搏斗的故事。无独有偶，在我们从计划体制转向市场体制时，人们往往把转轨称之为下海。也就是把进入市场经济体制视同为行船驶进了海洋，在大海中航行必须时刻防备暴风掀起的惊涛骇浪，一有不慎或操作不当便有可能遇到"舟倾人亡"的风险。从现实看，在我国经济体制转轨的过程中，企业的整合重组的发生也越来越频繁。在计划经济体制中，曾备受指责的企业破产现象，在今天也成为了现代经济生活中的平常现实。一些企业可以快速崛起，同样一些企业又可以迅速消亡。冷峻的事实让我们深思：经营风险是从何而来的呢？

市场是社会资源配置的平台，交换关系的总和，是一种客观存在。所以市场本身并不是风险，市场的风险来自于人类自身，来自于人类对客观规律事物认识的局限性：人类对客观环境的认识是需要一个由浅到深，由不正确到正确的不断发展过程，不可能一蹴而就。这个过程中，人们的认识与客观环境需要可能会出现偏差，如以偏差的认识去指导行为就会失败，就会遭受损失，因而会出现失败的风险。

其实，人的认识局限性长期存在，所以在计划经济体制中生存发展虽也有"风险"，但并不突出，因为那时黄金企业所面临的是一个相对确定和稳定的环境：

●生产所需的生产资料供给由国家计划分配，是确定的；

●生产的产品由中国人民银行统一收购，因而黄金产品的销路也是确定的；

●黄金价格由国家定价，并维持长期固定不变，因而收入预期也是确定的；

●生产资金有黄金发展基金和黄金优惠专项贷款做保证，资金供给也是确定的；

●黄金地质资源根据部门分工的体制，有专门的资源勘察部门，所获得成果由黄金矿业无偿使用，地质资源的供给也是确定的。

正因为在计划经济体制中，黄金企业客观环境的诸多要素都是确定的，因而我们认为这样的环境就比较简单，不易产生大的认识差异。更为重要的是，当时在经济管理上实行统收统支财政体制，国营黄金企业只是一个生产单位，即使产生了投资风险，企业也无须负责任；企业倒闭，国家还负有人员安置、资源配置、经济赔偿等责任，所以那时黄金企业的风险观念是十分淡薄的。

进入市场经济环境后，上述确定的因素都转变成了不确定因素：

● 生产要素都必须到市场采购，而市场的供求关系及价格都是处于不断变化的状态；

● 生产产品在市场上自由交易，交易价格及交易者都是变动的；

● 金价是每日每时都在变化，对交易时机的选择成为影响交易者利益的关键；

● 资本市场也是不断变动着，在这个市场上筹资的黄金矿业必须把握各种变化因素之间的平衡；

● 黄金矿业所赖以生存的基础资源——黄金地质资源要由企业在国内，乃至国际市场上去寻找购买。

生存环境日益增多的不确定性给人们对客观环境的正确判断带来困难，我们往往会因此出现判断错误并导致行动上的错误，就会造成十分严重的损失，这就是市场的经营风险。尤其是统收统支的财政体系被打破后，企业不再仅是一个生产单位，而且成了经济上自负盈亏的法人实体，国家不再承担企业经营风险，因而经营风险对于企业发展的挑战空前地严峻起来。而且谁也没有能力保证市场风险不会发生，谁也没有能力预测市场风险什么时候会发生，风险随时相伴。

对于市场风险产生畏惧感并不是完全贬义的，它也有正面的意义，可以成为抑制盲目决策、鲁莽行为的力量。在市场中的盲目与鲁莽的结果往往是极为巨大的经济损失和极为惨痛的消极后果，不仅危及个人、企业，还会波及社会。如在近些年新加坡金融投资市场上就上演了一幕幕悲剧事件。

1995 年，一个交易员尼克·利森非理性的赌博式行为，导致亏损 14 亿美元，使已有百年历史的英国老牌企业——巴林银行因此而倒闭。

无独有偶，2004 年悲剧再次上演，但演员换成了在新加坡上市的"中国航油"公司，总经理陈久霖对石油价格走势判断失误，在石油期货市场上的过度投机性操作与豪赌，仅仅数日便亏损 5.5 亿美元。一个声誉卓著的明星企业顷刻之间便面临破产，上演了继英国巴林银行之后的一场新的"滑铁卢"。这对我国企业在国际资本市场上的声誉造成了不良影响。

实际上在此之前，我国有色企业在英国金属期货市场上也曾摔过大跟斗。20 世纪 90 年代，湖南株洲有色金属冶炼厂在国际铜期货市场进行投机沽空，结果损失数亿美元而濒临破产。

随着市场规模的扩大和杠杆交易的发展，在投资者获利机会增加的同时，风险也相应地增加了。在巨大利益的诱惑下铤而走险，却给自己带来了灭顶之灾。由于我国黄金市场长期封闭，市场风险是随着与国际金价的接轨、价格变为不断浮动才开始被认识的。近来也有一些黄金企业为了锁定价格开始进行对冲交易；一些企业为了增加盈利开始"炒金"。随着涉足市场越深，市场的风险也在增加。但是，从计划经济体制环境刚刚转轨到市场经济体制环境的黄金企业，虽然日益认识到市场风险的挑战，但还缺少与之实战的经验；小的风险损失虽已经发生，但震动社会的事件尚未看到，因而对市场风险的认识也没达到刻骨铭心的程度。可以说，我们无论是对于市场风险的认识，还是应对的手段都是低水平的，规避市场风险也还没有成为经营者首要的职能和决策的首要原则。我们应认识到，市场风险是因人类认识客观环境的局限性而产生的，而人类认识上的局限性是永久客观存在的，因而市场风险也是永久客观存在的。随着我们对黄金市场认识的逐步深入，也会创造出日益增多的规避价格风险的手段和方法，但是这些手段和方法只能转移或分散市场风险，而不能消灭市场风险。彼风险的转移与分散是以此风险的承担与增加为代价的，而且这些手段和方法如使用不当，还会产生新的风险，可能会造成更大的经济损失。

人类认识局限性的客观存在，使市场风险永存。人们不能消灭市场风险，但可以转移、分散风险。然而转移、分散市场风险需要推进黄金交易平台的完善和交易产品的创新，也需要经营管理者本领的增强。这两方面必须同时推进。

市场化时代的黄金企业发展理念要与以前有一个很大的变化，即由发展速度第一向风险控制第一转变。

七、改革：一个更大的发展视野

我国黄金市场化改革最终达到的目标是什么？在一段时间里曾经是以完成黄金交易方式的变革，实现黄金市场自由交易为目的，因而把黄金现货交易市场的建立视为改革任务达成的标志，为此我们进行了多年的努力。

黄金企业对黄金交易方式的变革是十分关注的，因为这个变革与黄金企业未来的发展关系密切。产品交易的市场化并不是新鲜事，已有前车之鉴，早在改革开放的初期——20 世纪 80 年代，一些行业就已进行了产品交易方式由计划分配向市场交易的改革，结果因一些产品由于国家不再收购，销路很快出现了问题，导致企业出现经营困难。当时有一批企业不得不转产或倒闭。因而对黄金交易方式的变化会不会造成黄金企业的经营困难呢？曾有很多人表示担忧。

1993 年，国务院明确要求中国人民银行立即着手国内黄金市场筹建方案设计，至 2002 年上海黄金交易所正式成立运行，我国黄金交易方式转变的改革整整用了 10 年的时间。黄金从计划分配过渡到市场交易之后，我们所担心的事情并没有发生，这与我国黄金需求旺盛，仍有较大的增长空间有关，更与黄金所具有的特性有关。黄金是一种世界性商品，而且具有极好的流动性，局部市场的供求不平衡很快就可以通过国际间的流动实现平衡；另外，黄金更是一种具有金融属性的特殊商品，在实物黄金商品需求不足时，立即可将部分黄金转为财富储备，等待有利时机再出售，从而也可使市场供需实现平衡。因而即使需求不足，黄金也不会出现因产品积压而使生产者倒闭的情况。黄金交易方式的改革并没造成社会的震动。但是，产品交易方式的变革并不是市场化改革的最终目标，仅是一个初级目标，不断拓展黄金市场的功能空间是黄金市场化的更高目标。在市场功能不断拓展的过程中可为黄金企业发展带来新的发展机遇，所以我们应在一个更大视野中认识黄金市场化。

处于黄金管制的环境中，黄金的使用受到严格的控制，或做国家储备，或由国家分配制作首饰，所以当时中国人民银行垄断经营的柜台交易市场的功能只有完成黄金买卖过程的交易功能。现货交易只是黄金市场的基本功能，但并不是唯一的功能。市场化使黄金市场功能进一步延伸，市场除交易功能外，还要有发现价格、锁定风险、投资盈利的功能。但是，市场功能的多元化是以交易产品的多样化为条件的，而交易产品多样化的需求给黄金生产者提出新的供给要求，从而也给生产的发展带来了新的机遇，开拓了新的市场空间。

1. 商品黄金产品的多样化使黄金产品链延长，为生产者提供了获得更多产品附加值的机遇

由于实行黄金管制，黄金矿业被严格地限制在黄金采、选、冶的生产领域，只生产矿产金锭，担当黄金初级产品的供应者角色，不能有所逾越。市场化打破了黄金管制所形成的政策藩篱，企业可以根据加工企业的需要生产不同规格、不同形态的黄金原料及半成品，甚至是黄金加工制成品。这就是产品链的延伸。通过延伸产品链，可以增加黄金矿业产品的附加值，因此被称为"产品链延伸战略"，已被一些黄金企业作为发展战略的一种选择，并已取得了实效。

2. 金融黄金产品的发展使黄金融资及投资方式日益多样化，为生产者提供了降低融资成本，增加企业效益的新途径和多种选择机会

黄金管制抑制了民众和企业黄金投资需求，成为长达数十年的市场空白，而黄金市场化在促进黄金商品需求的同时，也使黄金金融投资的需求增长成为可能。市场化对黄金投资市场的需求主要来自两个方面：一是市场化使黄金的金融属性充分发挥，黄金成为一种投资产品，成为个人和机构投资盈利、财产保值的一种现实选择，因而产生了民众黄金投资的需求；二是个人和机构为了减少价格风险而产生了进行对冲交易的需要，以及对冲交易而产生投资品种多元化的需求。因此，黄金生产者的可发展领域已不是单一的商品领域。今后会日益更多地进入到投资领域，使用金融工具和手段，进行投资盈利活动和市场融资活动。如果说过去黄金企业经济效益来源于生产现场的成本管理，那么今后市场运营将日益成为黄金企业获取经济效益增长的新途径。

进入 21 世纪，社会对黄金投资的关注与呼声日益强烈，表现出了旺盛的需求欲望，黄金市场投资功能的发育摆上了改革的日程。近年来，上海黄金交易所已推出了一些新的交易品种，中国银行、中国工商银行、中国建设银行等也相继推出了面向民众的"账户黄金"或实物黄金，成都高赛尔金银有限公司推出"高赛尔"金条……这些都表明黄金投资已日益成为人们经济生活中的现实选择。如何抓住机遇，促进黄金企业的发展是需要认真考虑和积极行动的。

3. 市场化使信息成为重要的资源，信息的商品化需求导致了日益增多的信息生产者加入，为新形态的黄金企业发展提供了机遇

过去我国黄金企业基本上都属于黄金物质生产单位，极少数的黄金文化产品企业也都是附属于物质生产部门。市场发现价格与锁定价格的功能使信息产品的需求大幅增加，信息将成为资源的获取、产品交易、发展战略的重要依据。企业行为不再是物质优先，而是信息优先。避免信息不对称是规避风险的最有效的手段，因而信息成为了黄金企业发展的重要资源，信息也因此成为有价值的商品，并且还具有很大的升值潜力。有需求就会有供给，这是市场经济中的一条规则。所以随着我国黄金企业对信息产品需求的增加，出现了日益增多的黄金信息产品生产企业。这是一些不同于过去传统黄金物质生产企业的新形态的黄金企业，其生产的产品不是黄金物质产品，而是黄金信息、文化产品。据不完全统计，目前国内的黄金珠宝媒体已发展到近 20 家，各种黄金网站亦有 10 多家。其服务产品日益多样化，企业效益也不断提高。这些新型黄金企业的出现，不仅丰富了黄金矿业的内涵，而且也为进入市场的黄金物质生产企业提高经营水平提供了多方面的支持。当今黄金企业应该，也可以在一个更大的视野中去寻找发展的新途径。当然同时也必须提高黄金企业驾驭市场的能力，才能把可能变为现实。

第五部分

黄金营销:千年之变的现实选择

在世纪之交，我们眺望即将来临的 21 世纪时，没有人能预料到黄金牛市会很快到来。因为 20 世纪最后的 10 年，金价持续下跌，投资者纷纷撤离的现实，使人们不能不对未来有更多的担心。然而，金价从 2002 年开始挣脱了多年的疲态，进入了一个持续增长的牛市。到 2008 年国际金价比 2001 年上涨了215.98%，达到了每盎司 856.445 美元，再创历史新高。面对汹涌的牛市，人们悲观情绪为之消散，开始被一种乐观氛围笼罩。但是，透过表象我们就可以发现，存在于黄金产业发展深层的基本矛盾并没有消失，黄金营销的提出就是对黄金产业发展基本矛盾思考的结果。

一、黄金生产者尚未耕种的荒原

直白而言，市场营销就是生产者向消费者推销自己生产的产品。当代的市场营销已形成了一个多层次的完整的理论体系，市场营销学已是企业管理的一门显学，然而相对而言，黄金营销还是一个寂寞的角落。

在我国长期物质极度匮乏的历史时期，只有凭"票证"和"指标"才能够购买所需商品的年代，企业的产品不需也无须进行推销，那时讲市场营销对生产企业如同是听一个天方夜谭式的故事。而今天，随着我国社会生产力的发展，物质日益丰富，绝大部分商品已由供方市场变为了买方市场，消费者有了日益增多的选择，市场营销不再是十分时髦的话题，而且变成必然的实际行动，成为日益增多的企业家们孜孜不倦的追求。从我国市场营销的发展看，市场营销是社会生产力发展的产物，是物质日益丰富的市场现象，给人深刻的印象似乎物质紧缺时就不需要市场营销，因而黄金缺乏营销是十分自然的事。

自古以来黄金都是稀有的贵金属，被人类视为绝对财富，人们不恐其多，只恐其少，千方百计地争夺之，因而根本无须营销，这种理念是根深蒂固的。另外从现实看，新中国成立以后，黄金被国家管制垄断，自然不需生产者去做营销活动，然而直至今天走向市场后，产量已较 60 年前增长了 60 多倍。已突破了 280 吨，超过南非而居全球第一，但这也没有出现销售困难，似乎黄金具有一种恒久的市场优势。在这种情况下，黄金何须营销。所以即使在各种黄金产品，如金首饰、金币的营销活动已如火如荼地进行的时候，对于我国黄金企业来说，黄金营销仍是一片没有耕种的荒原。

二、市场优势并非源于稀有

黄金的这种市场优势，人们首先是把原因归结为稀有性。在 19 世纪之前的五千多年的历史中，人类仅生产了 1 万吨黄金，年均产量不到 2 吨。至今虽然黄金生产有了很大的发展，但和一般金属相比，仍是一种产量很小的稀有贵金属。即使把地球中的全部黄金都开采出来，全球每人平均仅有 12 克，因为稀有，所以珍贵；因为珍贵，才使黄金成为上到社会权贵，下到一般百姓都热衷追求的"情人"，因而黄金的魅力永存"常青不倒"。黄金稀有是一个事实，但是还有比黄金更为稀有的金属，如铱、钯、铑等。但是，这些稀有金属除专业人士外，一般民众基本没有认知，更不要说具有市场优势了。近年来也进入了首饰领域的钯，每年的产量仅为金的 1/10，但遭遇多年销售不畅，至今仍处在滞销的困境之中。因而仅用稀有解释黄金在市场的优势是不够的。

产品的市场优势是一种供求关系的反映，需求旺盛，即使产量大增，不仅不会影响产品优势，反而会增强；相反，需求萎缩，即使供给减少，变得稀有，不仅不会增加产品优势，反而使产品优势进一步丧失。所以我们认识黄金的市场优势，不仅需要分析供给，还要认识需求，而且需求是更重要的因素。

在人类愚昧的时代，黄金被视为是天上神灵在人间的表象，而在神庙中和祭祀中使用，那时黄金是人类表示对神灵敬畏的神秘物质，而被顶礼膜拜。那时黄金的需求狭小与低下的供给相符，因而并没有因需求的狭小而显示出黄金优势的萎缩。之后，黄金又被人类推上了货币的圣坛，成为可以换取任何财富的绝对财富，而成为权贵的象征，为帝王权贵所追逐。因此而使黄金的需求大增，黄金供给不足的矛盾又在进一步加深。13 世纪葡萄牙人入侵非洲、15 世纪西班牙人的美洲东进都为了获得更多的黄金，19 世纪是一个黄金生产力大发展的世纪，后半叶的 50 年产量超过了之前 5000 年的产量。但这时金本位制也由部分国家发展到世界主要的经济国家，而成为主导性的世界货币制度，使黄金的需求增长到了一个前所未有的水平。这时虽黄金生产力大大提高，但因需求旺盛也未能改变供给相对不足的状况，为此各国不得不很快就要对金本位制进行修正，减少黄金的使用，以缓解供给不足的矛盾。甚至是进行管制和压制民间商品黄金的需求，而优先保证满足国家的货币黄金需求。这个矛盾一直在 20 世纪上半叶存在着，并最终导致了 70 年代黄金非货币化的推行，金本位制从而结束。黄金非货币化，使黄金的国际中心货币地位丧失，其货币职能萎缩，但仍然是举世公认的金融资产，具有极好的变现性，而成为当今唯一一种具有商品与金融双重功能的特殊商品。因此当代黄金商品需求减少时，黄金还可以转变为金融资产，或做资产储备，或做投资产品，因而不会像一般商品因产生积压而造成的巨大经济损失，这是当今黄金非货币化后销售仍没有表现出滞销压力的原因。但这并不意味着黄金仍是短缺状态。

从历史的全过程看，黄金需求无论是作为神秘的祭祀物，还是绝对财富都是人类赋予黄金的一种制度安排，是由于制度安排的需要而非产生了对黄金的需求。所以黄金需求与人类社会制度变化相关，具有社会属性，也就是比一般商品多了一种称之为社会权势的东西。黄金社会权势之大可以左右人们的思维和行动，16 世纪的大戏剧家莎士比亚这样写道："金子，黄黄的，光闪闪的，只要有一点，就可以使黑的变成白的，丑的变成美的，错的变成对的，卑贱者变成尊贵者，老人变成少年，懦夫变成勇士。"由此可知，黄金的社会权势已到何种摧枯拉朽的程度，但是黄金的社会权势不是永恒不变的。今天，当我们谈到、看到、拿到黄金的时候，绝对不会产生莎翁笔下的那种狂癫。从神秘到神圣，再到平凡，这是黄金在人类精神感知中的变化轨迹，当今黄金的社会权势已退出了人类精神中心位置和经济中心位置，不再具有左右人类行为的能力，所以黄金的需求也因此发生了根本性的变化。

三、走下货币圣坛的黄金

黄金非货币化与金本位制一样是人类社会的制度安排，金本位制是对黄金货币功能的强化，而黄金非货币化是对黄金货币功能的约束，因而金本位制度的建立，极大地增加了货币黄金的需求，而黄金非货币化制度的建立，也会大大减少货币黄金的需求。20 世纪 70 年代初，美国宣布停止按 35 美元官价自由兑换黄金，从而拉开了黄金非货币化的序幕，黄金开始走下货币圣坛，至今已有 30 多年的时间。黄金非货币化的推行，使黄金的货币功能在许多方面开始弱化，甚至消失，黄金从世界中心货币变为一种具有某些金融属性的特殊商品。黄金社会功能的调整，使黄金的需求结构发生了根本性的变化，由黄金货币需求主导变为了黄金商品需求主导，需求主体也由国家主导变为民众主导。具体的需求变化是:

1. 黄金在金融领域中的需求不论是相对量，还是绝对量都有了大幅的下降

在金本位时期，每年 50% 以上的矿产黄金都由各国央行购买，或被作为国家外汇储备，或作为货币发行的准备金。20 世纪七八十年代黄金非货币化之前，各国央行的黄金储备已超过了 3.8 万吨，大约是当时世界数千年黄金总量的 4 成。而且私人投资者还拥有大量的黄金，用于金融投资与投机，总之那时金融领域因金本位制而成为黄金的最主要的需求领域。

黄金非货币化产生的第一个结果是各国央行由黄金的买家变

成了卖家，各国央行的黄金储备总量一直在减少，到 2007 年已由 20 世纪 70 年代的 3.6 万吨下降到 2.9 万吨左右，进入 21 世纪每年平均央行售金量接近 400 吨。另一个结果是金融领域的黄金需求锐减，1998 年到 2007 年 10 年间，即使美元贬值，黄金投资再次被人们重视的情况下，世界金融方面的黄金投资及储藏的需求量年均 710 吨，仅占这期间黄金总需求量的 17.57%。2008 年爆发了全球性经济危机，黄金投资受到了追捧，用金量达到 1090 吨，但也仅占全年总需求量的 29.79%。很显然，黄金非货币化的结果是当代黄金已由金融需求主导变为商品性需求主导，一般每年 80% 左右的黄金供给必须在商品市场中寻找需求出路，由商品生产者购买。

2. 社会经济的飞速发展是黄金工业性需求增长的巨大推动力，但并没有出现持续增长的态势

人类的科技进步在当代取得了丰硕的成果，黄金在若干工业领域有了新的应用，在当前世界经济快速发展的情况下，黄金在工业领域的需求应呈不断增长之势，但实际情况是工业需求量一直在一个低水平线上上下波动变化。1995~2004 年的 10 年间，世界工业用金量年均 563.9 吨，为黄金年均总需求量的 13.46%。虽然 2007 年工业用金量 671 吨，创最近 10 年历史新高，但进入 21 世纪的 2001~2007 年的 7 年间，有 5 年的工业用金量低于 1999 年的水平，在这期间工业用金量基本上是在平均水平的 3% 之间波动变化。

工业用金之所以难以持续增长，是因为黄金价格高昂，为了降低生产成本，企业技术进步总是要千方百计使用代用品，或想办法降低消耗。基本趋势是节约而不是增加黄金的使用，所以在工业领域黄金难以获得持续增长的需求支撑力。

3. 首饰业是黄金非货币化以后的黄金最大的需求领域，但 20 世纪末达到历史最高峰后，需求增长便开始停滞下来

20 世纪 70 年代黄金非货币化后，黄金在首饰业中的使用大幅增加，1980 年全世界首饰用金 280.8 吨，而 10 年后的 1999 年首饰业用金已高达 3140 吨，是 1980 年的 11.2 倍。1973～1980 年的 8 年间，年均首饰用金仅为 430.88 吨，而在 20 世纪 80 年代年均首饰用金 1174.9 吨，90 年代为 2880.2 吨，比 70 年代增长了近 5.68 倍，正是首饰用金需求的大幅增长，为这一时期黄金生产力的发展提供了市场。目前首饰用金已占全球总用金量的近 80%，但 1997 年达到创纪录的 3300 吨以后，首饰用金量停止了增长，出现了萎缩。进入 21 世纪的 2001～2008 年的 8 年中首饰年均用金量 2437 吨，比 20 世纪 90 年代下降了 11.92%。2001 年是首饰用金量进入 21 世纪 8 年来的高峰，为 3008 吨，而 2008 年仅为 2138 吨，又下降了 28.92%。而且首饰用金量持续萎缩已经影响到世界黄金的总需求。

从以上三个方面的需求分析表明，当今世界黄金市场需求总的趋势变化是，这个曾是金融需求主导的市场在黄金非货币化后，金融黄金的需求不论所占的相对量，还是绝对量都下降了。但在黄金商品需求增长的带动下，世界总的需求量一度呈现了增长态势，20 世纪 70 年代，年均黄金需求量 1400 多吨，到 80 年代突破了 2000 吨，较 70 年代增长 40% 多，再到 90 年代年均达到 3700 多吨，又较 80 年代增长了 80% 多，但在 90 年代后期首饰业（1997 年以后）和工业（1999 年以后）用金量需求的增长先后停滞下来，甚至持续下跌，使进入 21 世纪的头 8 年里每年总需求分别比 1997 年下跌 7.7%、5.6%、1.4%、8.6%、4.1%、5.8%、7.4% 和 13.4%，黄金全球需求增长动力明显不足。

我国是一个长期实行黄金管制的国家，但 1982 年恢复了黄金首饰的市场供应以后，一般居民因而有了获得黄金的途径，我国黄金需求增长很快，虽然黄金市场当时并未完全开放，但我国在 20 世纪 90 年代，年黄金需求量就突破了 300 吨，进入了全球前三名。因为我国消费人口基数庞大，而且黄金市场发展起步晚，所以国际黄金业对我国黄金需求潜力寄以很大希望，并被认为是拉动全球黄金市场增长的重要力量。但是，我国黄金需求并未出现人们预期的增长，1997 年我国黄金总需求量为 338.9 吨，而之后便持续 5 年下跌，一直到 2002 年下降到 206.7 吨，降幅高达 40%。2003 年市场出现了拐点，由跌转升，到 2007 年达到了 345 吨，只比 1997 年增长了 5.5%，10 年只不过是走过了一个轮回，而且中国 5.5% 的小幅增长远远不能弥补其他国家需求的减少，这一年全球总需求量比 1997 年下降了 7.4%。

不说不知道，一想吓一跳，现在"皇帝的女儿"，也要开始为"出嫁"发愁了，21 世纪已显现黄金需求不足的种种症状，表明黄金在寻找新需求过程中正面临众多现实的挑战。

21 世纪，黄金需求增长动力不足，并出现了一定程度的萎缩，但是在黄金的供给方面表现有着完全不同的情况。

四、黄金供给已相对宽裕

黄金的供给短缺与人类相伴了几千年，原因是生产力的低下，而又由于需求的旺盛而使这一矛盾更为突出，以至于黄金稀有已深深地扎根于人们的思想观念之中，但是现在需要我们要对此有一个新的审视和评价：

1. 黄金产量大幅提高

黄金生产力的突破出现在 19 世纪中叶，19 世纪后半叶的 50 年的黄金产量超过了之前 5000 年的产量，生产力提高了百倍以上。进入 20 世纪，黄金生产力又有了新的提高，这一百年里生产了 12.15 万吨黄金，又是 19 世纪那一百年的 10.56 倍，进入 21 世纪的 2001~2008 年的 8 年总计生产了 2.0289 万吨黄金，年均 2536 吨，又是 20 世纪年均 1215 吨的 2.09 倍。据统计，到 2008 年全世界数千年来总计生产了 16.34 万吨黄金，其 86.8% 是近百年来生产的，而近 20 年生产了人类数千年黄金产量的近四成，当代黄金产量的大幅增长使 19 世纪后半叶黄金生产力的大飞跃也黯然失色。黄金产量的大幅增长自然会极大地提高当代黄金市场的供给能力，缓解了供给短缺矛盾，成为当代黄金市场出现供应相对宽裕的重要推手。除新增产量增长外，黄金存量的增长又是一个重要的推动力量。

2. 黄金存量大幅增加

黄金具有千年不朽的品质，数千年生产的黄金大多都仍存在于世，因而随着时光的推移，黄金存量不断地增加。在 19 世纪中叶以前，全世界地上存量黄金有 1 万多吨，到建立金本位制，并成为一种国际性货币制度的 20 世纪初期的黄金存量也只有 3 万吨左右；之后半个世纪，到黄金非货币化的 20 世纪 70 年代已达 10 万吨；时间又过了 30 年，到今天已达 16 万多吨。

到 2007 年，民众手中握有存量黄金 12.84 万吨，这些存量黄金的近 80%（79.36%），即 10.19 万吨左右是以金制品的形式存在；20.64% 即 2.65 万吨左右是以金条和金币形式存在。另外，2.9 万吨为官方储备，大多是以金条的形式存在，但这些存量黄金不论是以何种形态存在，都可以很快进入市场，变成市场的供应量。

世界已有的黄金存量是如此之巨大，它竟相当于当今全世界 50 多年黄金生产量总和；按照目前黄金需求量，即使全球黄金生产全部停产，这些存量黄金也可以满足 30 余年的市场需求，而无缺乏之忧。

近年来，每年生产的矿产金并不能满足市场需求，但正是由于有大量存量黄金供应量的存在，不仅没有出现供应缺口，反而因大量存量黄金的流动已成为影响市场供求结构变化的重要因素。1998～2007 年的 10 年，存量黄金再返回市场成为供应量年均 881 吨，为这一时期总供应量的 21.04%。2008 年再生金供应量超了 1000 吨，达到了 1146 吨，占当年供应量的 33.04%。不仅如此，每年还有数千吨存量黄金处于借出状态，在市场中流转或用于加工需求，或用于投资需求，这也是市场的重要供给因素。

总之世界上的存量黄金越来越多，市场黄金的供应量也就会日益增加，存量黄金已成为当今市场供给的重要来源。

3. 央行减持售金大幅增长

在金本位的时期，黄金是国家外汇储备中最主要的部分，20世纪初金储备占各国外汇储备总量的70%，每年50%以上的新增矿产黄金是被央行收购以增加储备，到1970年的储备总量已超过了3.6万吨。各国央行黄金储备本来是市场中的需求因素，但是由于20世纪70年代初开始的黄金非货币化，各国央行总的趋势是开始减持自己的黄金储备，向市场上出售黄金，成为了市场上的重要供方，并且向市场出售黄金的步伐在20世纪末明显加快。1998~2007年的10年间，各国央行售金年均499.9吨，为同期总供应量的12.37%。2008年有所减少，为279吨，为当年总供应量的8%。根据欧洲央行及14个欧洲国家央行2004年9月的协议，今后5年内总售金量限定为2500吨，较第一个售金计划的数量还有所增长，因而2009年央行售金仍会持续。由于各国央行拥有的黄金数量巨大，多年售金后，到2007年仍有储备黄金2.9万吨，而每年全球黄金需求量不足4000吨。所以央行在黄金供应调整上拥有很大的话语权，是影响金价变化走势的重要力量。1997年到2001年金价持续走低，央行售金是一个主要的因素。央行售金预计将是市场供应持续存在的因素，可使每年的黄金市场供应增加10%以上。

五、影响显现，困局待破

以上事态发展表明，在需求增长乏力、停滞，甚至下降和供给在多种因素推动下增长强劲的双重力量的作用下，黄金市场供求基本面发生了根本变化，由严重的供应短缺变为了相对的需求不足。这个变化发生于20世纪80年代，显现于90年代，延续至21世纪。这是根本性的变化，可以说是一次千年之变。但是，由于黄金特殊的自然属性与社会属性的原因，黄金可以随时由市场上的交易商品转变为人类储备资产，所以还没有像一般商品那样，因此显现出严重的交易困难，而使矛盾隐形化，故往往被我们所忽视。不仅看不到千年之变已经发生，反而仍然沉陷于黄金短缺的思维之中。但实际黄金市场供求基本面的千年之变不仅已发生，而且影响已在多个方面显现，这是新世纪黄金行业必须要面对的发展现实。黄金市场基本面的千年之变，使黄金产业的发展主要矛盾由生产环节更多地转向了消费环节，只有着力解决了需求相对不足的矛盾，生产才能平稳发展，这种工作转变也是一次千年之变。当今千年之变已显现的影响是:

1. 金价低迷，2001 年更创 22 年来新低

对供求关系变化最敏感的是价格，价格是市场供求的平衡点，供大于求则价格下跌，求大于供则价格上扬。影响金价的因素很多，但供求关系是最基本的因素，一般来说，价格下跌有利于需方，价格上涨有利于供方，因而供大于求致使金价下跌对黄金生产者的影响是负面的，它直接影响生产者的经济效益，这一影响已经显现。

1980 年以前，因长期实行金本位制，金价被人为控制，力求保持稳定，但总的趋势是持续上涨。以美元金价为例，1934 年以前每盎司 20.67 美元，1934 年提高到 35 美元，1971 年 40.8 美元，1972 年美国宣布停止以官价兑换美元，金价又上升到 58.2 美元，1972 年以后金价放开，1974 年突破百元大关，涨到 159.6 美元，1978 年 193.4 美元，接近 200 美元。第二年又突破了三百美元关口，达到 309.6 美元，飙升了 58.5%，但之后的 1980 年更上涨了 97.8%，达到了 614.5 美元的历史金价高峰。但是从 1980 年以后的 25 年中，金价虽有高低波动起伏，但再也没有突破，或达到 1980 年的水平，并呈持续下跌的趋势。1981 年便跌破 500 美元，第二年又跌破 400 美元，下降速度飞快，之后大多年份都在 400 美元以下上下波动，2001 年以 271.04 美元创 22 年以来金价新低，从 2002 年开始回升，进入了一个持续的黄金牛市，但即使到 2006 年，这年的平均金价也仍低于 1980 年的水平。2007 年金价终于突破了 1980 年的金价水平，年均金价达到了 695.39 美元，但如以不变价计算，还不及 1980 年金价的

50%，金价疲软低迷已长达 28 年。

因受国际金价变化的影响，我们国内金价 1993 年与国际金价接轨后也基本上是持续下跌，从 1994 年的每克 96.46 元，一直下跌到 2001 年的 71.41 元。从 2002 年开始回升，2004 年超过了 1993 年金价，2007 年更创国内金价最高峰，但因 1980 年国内金价不与国际接轨，因而现在的国内金价水平与 1980 年国际金价水平没有可比性，但仅 1997~2001 年的 5 年间，金价持续下跌，就使我国黄金生产企业减少收入 140 亿~150 亿元，这相当于我国黄金行业从 1975~2000 年的 26 年间全行业实现利润之和。

2. 黄金投资减少，黄金生产开始下降

金价走低也意味着黄金矿业投资回报率的降低，不仅影响了生产者的切身经济利益，而且还会影响社会资本的流向。由于 20 世纪 70 年代初放开金价管制之后，金价大幅攀升，因而吸引大量投资进入黄金开采业，形成 80 年代的开发高潮。当时 80% 以上的固体矿产勘探投资都进入了黄金开采业，为黄金产量的持续增长提供了后备资源，因而全球黄金产量由 1980 年不足千吨，而 10 年后的 1990 年已超过 2000 吨，产量翻番，但是之后 90 年代金价低迷，进而到中后期金价持续大幅下跌，使投资者对于黄金矿业的前景评估悲观，黄金地勘投入不论是绝对数量还是相对数量都是下降了，1997 年黄金地勘资金投入占世界固体矿产勘探投入总量的 64.9%，到 2001 年下降到了 42.5%，2002 年略有上升，为 45.2%。地勘投入的减少，直接影响资源的拥有量，制约了黄金产量的增长。2000 年全球黄金产量比 1990 年仅增长了 20%，大大低于 80 年代，而进入 21 世纪则出现了连续的产量下降：2002 年世界黄金产量出现了从 1994 年以来 9 年间的第一次下降，降幅为 1.4%。而 2004 年更出现了从 1943 年以来，62 年的最大降幅（5%）。黄金产量的下降并不是一个偶然事件，而是进入 21 世纪后的持续过程：此后的 2005 年、2006 年、2007 年和 2008 年黄金产量比 2001 年分别下降了 3.67%、4.36%、6.39% 和 9%。世界最大的黄金生产国南非的产量，由

超过千吨下降到了 2007 年的 269.9 吨。南非最大的黄金开发商英美集团在 2006 年 11 月宣布出卖其子公司盎格鲁黄金公司的股份，并将 10 亿美元股金退还给投资者，从此淡出黄金开采业。英美公司是一个黄金巨人，他控制着南非 60% 的黄金产量，盎格鲁黄金公司产量曾多年居全球第一，后位次虽有所后移，但到 2007 年仍居全球第二，产量 170.4 吨。显然，这样一个全球黄金业的领军者退出黄金开采业有着对黄金开采业发展战略的深层思考和评价。

3. 市场参与者减少，交易规模萎缩

金价低迷也对黄金市场造成了负面影响，放开管制后的金价不断上涨，使黄金投资者有了巨大的获利空间，入市者日众，带来了一个长达十余年的黄金市场发展期，20 世纪 80 年代是黄金市场的黄金时期，除传统的伦敦黄金市场外，瑞士、美国、日本、新加坡等国的黄金市场相继成立，黄金衍生品的不断创新，使市场交易品种日益丰富，市场功能日益完善，但是进入 90 年代投资者开始疏离黄金市场，进入 21 世纪交易市场进一步萎缩。

英国伦敦黄金市场是历史最悠久、影响力最大的国际性黄金市场，其伦敦金价是世界黄金交易的基础价格，具有世界金价走势方向标的意义，每年交易量占到世界总交易量的 6 成以上，近年来交易持续下跌。曾经是四大国际性黄金市场之一的香港黄金市场，目前的交易量甚至不足 20 世纪 80 年代最高时的 1/10。

市场的萎缩也表现在交易者的减少上，21 世纪先后有两个伦敦金定价室成员退出了黄金市场。伦敦是全球最大的黄金市场，而全球黄金交易的基础价格就是产生于伦敦金定价室。参与定价的五个成员就是伦敦黄金市场的五大做市商，也是维持全球黄金市场运行的核心力量，而在全球黄金交易中占有举足轻重的地位，并享有崇高声望。

2001 年这五大做市商的瑞士信贷·第一波士顿银行宣布退出黄金定价室，停止黄金业务。瑞士信贷是瑞士黄金市场三大主力做市商之一，并有自己的黄金精炼厂，与黄金生产商和首饰商建立了广泛的业务网络，并在全球各地建立了营业机构，黄金业

务曾为该银行带来了全球性的声誉。

之后的 2004 年，伦敦黄金定价室的主席——英国洛希尔国际投资银行也宣布停止黄金业务，退出伦敦黄金定价室，使伦敦黄金市场引以为豪的标志性的黄金定价室不复存在。

洛希尔银行参与黄金交易已有 200 余年的历史，对于伦敦黄金市场的形成与发展发挥过重要作用，是伦敦黄金交易的老牌做市商，从 1919 年就开始一直主持伦敦金定价。

市场参与者有进有出是一种十分自然的现象，但市场的变化到足以使这些市场中的巨人改弦更张，说明市场已产生了何等程度的压力。在这里要说明的是，从 2002 年开始的黄金牛市已持续了 8 年，从表象来看黄金市场交易量萎缩情况比 20 世纪 90 年代有了很大的改变。但这个牛市的出现并不是市场供求基本面变化引起的，而是美元大幅贬值背景下的投机者拉动的市场泡沫。进入新世纪黄金的实际需求一直是处于萎缩状态的，2007 年名义美元金价已超过 1980 年，再创历史新高，但扣除通胀因素后的实际金价仅相当于 1980 年金价的 44.97%。基本面才是市场状态的本质。

市场参与者的减少，特别是黄金市场的做市商在减少。在黄金市场交易萎缩的情况下，主动退出市场，对于交易者自身可以产生短期效益，但对黄金市场的长期发展是有害的，因为做市商的减少，对市场的活力和产品创新的影响都是负面的。

黄金生产的发展空间源于市场需求潜力，市场规模的萎缩即意味黄金矿山发展空间的压缩，影响是根本性的。

需要指出中国黄金市场是属于后来者，直到 2002 年才有了现货黄金市场，2008 年才有了黄金期货市场，所以发展是处于从无到有的阶段，与国际黄金市场不是处于同一发展水平，因而缺乏可比性，在中国的感受和认知会有所不同。但在中国经济日益开放的大形势下，中国黄金市场已日益与国际黄金市场相联系，并成为了全球黄金市场体系的组成部分，所以，国际黄金市场的发展变化将对中国黄金市场产生重要的影响，国际黄金市场的发展趋势对未来中国黄金市场的发展具有指标性和方向性意义。

六、竞争全方位、营销势必行

从过去的历史考察，黄金在强大的社会权势的推动下，黄金需求旺盛而造成了长期的供给短缺，因而黄金产业发展的主要矛盾是增加供给。社会权势是黄金需求增长的最大支撑力，但黄金社会权势是通过社会制度性安排人为地赋予当今黄金非货币化的制度安排又极大地削弱了黄金的货币权势，而影响了黄金需求的增长。今后，是否会有新的制度建立而使黄金的社会权势再度强化，目前还没有看到清晰的前景。而今天我们面临现实的是黄金社会权势的弱化，已使黄金市场供求基本面由供给不足变为了需求不足，发生了一个千年之变，并已产生了多方面的对生产者的负面影响。因此，黄金工业的发展矛盾已由主要是增加供给变为了拉动需求。

这个千年之变使黄金不再是可望不可求的"皇帝女儿"，而是成为了市场上民众可以拥有的商品，竞争空前地加剧了，黄金无论是作为储备资产，或做投资品，还是做首饰及制品，或做工业原料都面临全面的竞争挑战:

1. 储备资产

黄金作为人类的储备资产的历史悠久，也曾是人类货币储备资产的最主要部分，无论是国家还是家庭都是如此。而在当代黄金已不是储备资产的唯一，其作为储备资产已与货币、政府债券、企业股票存在着竞争关系。在当今以美元为中心的世界货币体系中，美元以及美元债券成为国家储备资产中的主要品种，企业股票的拥有量也有大量增加。到 2007 年底只有美国、德国、法国、意大利、葡萄牙、希腊六个国家的黄金储备超过其他储备品种量，其他国家的黄金储备量都大大低于其他储备品种数量，许多国家的黄金储备的比例已不足 4%，如印度为 3.47%，泰国为 2.57%，日本为 2.1%，我国仅有 1.5%。还有一些国家黄金储备为零，国家外汇储备的黄金储量多寡虽存在着历史的因素，但减少黄金储备是全球的大趋势，2007 年全球国家黄金储备 2.9873 万吨，比 10 年前的 3.3538 万吨下降了 10.42%，因而黄金作为储备资产在竞争中并不占上风。

黄金作为一种储备资产面临货币、债券、股票，甚至不动产的竞争压力是显而易见的。

2. 投资产品

黄金作为一种资产保值、增值的投资产品，在金融市场中占有一席之地，但是目前民众可以选择的投资产品已经多样化。日益增多的不同特色的产品，使民众有了多种选择的机会，因而黄金面临储蓄存单、保险保单、各种彩票、股票证券的竞争。而且投资产品创新还在快速地发展，这些新兴的产品纳入了更多的时尚要素，与当代人类的心理与生理需求更为适应。而黄金是一种传统的投资产品，存在着自身的局限性，与新兴的投资产品比较并不特别活跃。因而受到一些人士的质疑和疏远，使 20 世纪 90 年代黄金投资市场出现了一定程度的萎缩。

在可以预见的一段时期内，黄金作为投资产品虽拥有牢固的市场基础，但市场竞争优势并不十分明显。

3. 金饰制品

黄金首饰及金制品业是黄金主要需求领域，黄金首饰是最主要的首饰品种，历史十分悠久，在考古发掘中出土的古代金首饰屡见不鲜。金首饰不仅是一种美丽的装饰，而且还是权势与富贵的象征。但首饰领域更是一个竞争激烈的领域，钻石首饰、铂及钯首饰、宝石首饰、翡翠首饰、半宝石首饰、银首饰、仿真宝石首饰及珍珠首饰等，各领风骚。金首饰拥有独特的魅力，因而拥有相对稳定的顾客群，但在顾客需求时尚化、多样化的今天，黄金首饰也面临巨大的挑战。从世界看，近年来需求量从 1997 年达到 3300 吨历史高峰以后，连续 6 年下跌，到 2004 年才转跌为升，2005 年达到了 2700 吨需求量，但比 1997 年仍低 17.94%。好景不长，到 2007 年又下降到 2401 吨，比 2005 年下降了

11.34%，10 年来全球金首饰的需求一直处于低迷徘徊状态。

我国在 20 世纪 80 年代是黄金首饰一枝独秀，占据市场 9 成以上的份额，而进入 90 年代中后期钻石首饰、铂金首饰异军突起，白色首饰很快成为市场时尚的引领者，而黄金首饰却成了落伍者。2002 年金首饰需求量比 1992 年下降了 42.97%。表明了进入 21 世纪后，黄金首饰仍然没有从竞争的被动中脱身。虽 2003 年以后持续增长，2007 年超过土耳其居世界第二位，但需求量仍比 1992 年低 13.66%，还未恢复到历史高位。市场竞争的形势日益加剧，黄金首饰市场一枝独秀的局面不复存在。

4. 工业原料

黄金良好的延展性、导电性以及其炫目的光泽和抗腐蚀性，使黄金在一些工业领域，如电子、建筑等领域具有优势，但基于降低成本的要求，人们总是千方百计寻找黄金的代用品，因为这些代用品在满足基本功能的情况下，还能做到成本的降低，对黄金形成了很大的竞争优势。因此黄金作为工业原料一直处于被控制和节约的状态，所以其需求量不可能呈大幅增长。

黄金在所有领域都面临竞争，为了取得竞争优势，摆脱颓势，积极的黄金市场营销就成了必要选择：

（1）黄金作为储备资产的市场营销。国家储备结构的选择是国家高层的决策，因而对于黄金资产的历史作用的深度研究，以及金融市场变化对黄金资产需求追踪分析是黄金储备资产营销的重要内容，以使国家高层全面了解黄金资产的现实意义形成统一的理性共识，从而影响高层做出保持或提高黄金资产储备的决策。在 20 世纪 90 年代后期欧洲一些央行加快售金，大有引起多米诺骨牌效应之际，世界黄金协会掀起了一个国际性公关营销活动，最终导致 1999 年欧洲央行与 14 个欧洲国家央行共同发表了华盛顿协议，确认黄金仍是金融资产储备的必要组成部分，稳定了市场，为之后金价的回升奠定了基础，是近年来黄金储备资产营销的一个成功的案例。

黄金作为投资产品的营销，特别是在信用投资产品贬值严重，经济危机时黄金的保值功能尤为明显，1997 年亚洲金融危机时，以及进入 21 世纪美元贬值时，黄金都表现出了很强的资金避难所的作用。黄金投资产品的营销主要是宣传黄金投资的特点和优势，吸引更多的民众选择黄金投资，并积极地推动市场的发展，清除对黄金投资的种种障碍，这对于黄金投资市场刚刚起步的我国尤为重要。毕竟我们已与黄金投资隔绝了半个世纪之久，对于民众已十分陌生，积极的市场营销是对黄金投资市场发展的有力推动。

另外，黄金投资产品的本身也已经发展成一个产品系列，不仅有不同品牌的金条，多种题材的金币；还有不同的黄金存折、黄金存单、黄金累积账号等纸黄金产品；还有多种衍生物合约。因而各种黄金投资产品也需开展市场营销，吸引投资者选择。

还有黄金投资产品的经营者也是多元的，不同的经营者之间也存在着竞争，为更多地争取自己的客户，也需要进行市场营销，使顾客在对黄金投资产品认知的同时也对经营者增强信任和亲近感。

（2）黄金作为金首饰和金制品的市场营销。对于黄金首饰与金制品的市场营销大家已司空见惯。但我国在 20 世纪 80 年代，黄金首饰和金制品生产企业基本上不进行市场营销，因为那时完全是一个卖方市场，只要有"货"就不愁"销"。进入 90年代中后期市场营销因需求的萎缩，竞争的加剧才渐成气候。今天已很少有人怀疑市场营销对市场需求的拉动作用了，黄金首饰及黄金制品业的发展需要市场营销已成共识，因而也就不必再费笔墨。

（3）黄金作为工业原料的市场营销。市场营销对黄金工业原料需求增长的相关性最小，因增加黄金需求与降低生产成本的原则相悖。决定工业黄金原料需求的是其独特性，没有可替代性，但在科学进步的条件下，产品的独特性只能在短期内存在，从一个长的时间段看这种需求还要降下来，从总体看市场营销对黄金工业原料的需求增长作用不大。因而推进技术进步，拓展应用新领域就十分重要，但是黄金在工业领域的应用有了新突破，出现了新产品，为让用户尽快认识新产品，加快推广时也需市场营销配合。

七、开拓第二效益源泉

说到此处,我们得出的结论是:当今黄金市场是需求相对不足,并已对黄金行业生存发展显示出多方面的负面影响。因而21世纪黄金产业虽面临多方面的课题,但改变需求相对不足的市场基面,具有根本性意义。然而拉升黄金需求,必须推进市场营销。

现在的现实问题是市场营销也需要有成本,即需要物力、人力、财力的投入,而在我国黄金统收专营时因没有黄金营销需要而这方面的支出是零,因而黄金营销被视为是一种额外的支出。据说黄金市场推广组织——世界黄金协会的会员会费是每盎司产量1美元,按此标准我们一个小型万两黄金生产企业即应交费6万多元,一个吨矿企业是20余万元,我国最大的黄金企业的产量已超过20吨,一个企业因此会费高达400余万元。我国黄金产量超过了280吨,从理论推理上讲,每年用于市场营销的费用应近6000万元。对于这样一笔不小的开支,我国的黄金企业现在很难慷慨解囊。但是为什么我们的国外同行却踊跃交纳资金用世界黄金协会运作,并在我国每年无偿投入上千万元市场推广营销费用呢?这反映了两者黄金市场成熟程度上的差距和对黄金市场营销认识上的差距。

从表面看,市场营销是一种产品的推销行为,特别在产品滞销时,企业营销的必要性尤为突出,是推销产品的手段,所谓就是"王婆卖瓜,自卖自夸",但从更深层看,市场营销是生产者获得更大经济利益的技术,不论是产品滞销时,还是畅销时市场营销都是需要的,市场营销的投入也是有回报的,而且往往是低投入高回报,难怪市场营销学能成为当今一门企业管理的显学!

商品生产者的盈利从何而来?首先是源于生产成本控制,压低生产成本就可增加盈利,这已为我国黄金企业所认识。在黄金走向市场之前的黄金管制的环境中,这是企业效益的唯一源泉。

1998 年国家黄金局向全行业推出的山东莱州仓上金矿的经验，就是一个成本管理的典型。而放开黄金管制，黄金走向市场以后，市场为黄金生产企业提供了一个新的效益来源，而这正是我们所不熟悉的。

市场效益存在于商品交易过程之中，低买高卖就可以获得买卖价差，实现盈利，价格的把握是关键。因而买卖双方都希望价格的变化朝有利于自己的方向发展，而以价格同盟的方式操纵价格在市场经济体制中是被禁止的非法行为。但是，可以通过市场动作，使市场供求基本面发生变化，从而使价格朝有利于自己的方向发展。对于黄金生产者来说就是刺激需求，使供求关系有利于金价升高，或呈走强态势，这样生产者就能获得更多的收益。

通过调整供求关系维护生产者利益，最为典型的案例是石油生产国成立的欧佩克组织，这个组织的主要功能就是确定成员国的产量配额，避免石油产量严重过剩而使油价大幅下跌。从一定意义上讲他们取得了成功，20 世纪 70 年代每桶原油仅为 8 美元；而到 90 年代上升到 70 美元，21 世纪的 2008 年曾高达 140 多美元，现在回落到 60 美元左右，对维护石油生产国的利益发挥了重要作用。

黄金首饰 20 世纪 90 年代在我国曾遭遇过"滑铁卢"之败，需求从 1997 年连续下跌，原因是铂金首饰异军突起，引领了我国首饰消费潮流。80 年代我国民众对铂金首饰几乎没有任何印象，1994 年消费量仅 1.5 万盎司，而到 2000 年就增长了 73.3 倍，达到了 110 万盎司，占全球总量的 50% 以上。铂金首饰的异军突起首先应归功于国际铂金协会中国市场营销的成功。铂首饰营销在我国的成功直接带动了铂金属的需求，从而使全球铂金的市场供求基本面发生了根本变化，供给缺口扩大，价格随之上扬，在 20 世纪 80 年代铂金价格比黄金低得多，而到新世纪初已是黄金价格的 2 倍，而随着铂金需求的下降，市场供求基本面供给矛盾的缩小，当今黄金与铂金的价格比已由 1:2 回落到了 1:1.3 左右。

这些案例告诉我们，市场营销从表面看仅是推销产品的一种手段，其本质是通过调整产品供求关系，维护生产者利益的有效工具，这也正是我们国外同行乐此不疲的原因。

市场营销需要有投入，但这种投入是有回报的，并非是无效浪费。通过对市场供求关系的调整所获得经济效益，可远远超过成本控制可以达到的目标。所以，市场是我们应努力开拓的第二效益之源。因而黄金营销是走向市场的我国黄金生产企业必须要学习和掌握的一项市场基本功。

1997年以后，国际金价持续走低，一个重要的原因是央行不透明的售金行为的干扰。世界黄金协会有针对性地开展了营销公关活动，如发动民众给英国政府打抗议电话、与央行高层展开对话，发动南非政府官员陈述等，最终导致了欧洲及14国央行1999年在美国华盛顿发表了关于黄金的声明，5年后的2004年又发表了第二份声明，确认了黄金在世界货币储备中的作用，并确定了售金的公开透明原则，使央行售金这一打压金价的因素的影响力减低到最低水平，给金价的提升带来了动力。1999年声明发表后不久，金价便强劲反弹，使评论家欢呼这是为黄金市场开辟了一个新纪元。更有2002年以后至今金价持续走强，这是黄金市场营销的一个典型案例。

因为市场营销实质是对市场供求关系的调整，通过调整使之向有利于生产者的方向发展，从而使生产者获得更大的市场效益，而且往往会比成本控制的作用大得多。因此，避免或减缓市场供求关系向不利于生产者方向转变是市场营销的核心价值所在。市场营销是一种市场运作技术，从维护切身利益看，生产者无论产品是否滞销，开展市场营销都是很必要的。这个市场的诀窍，值得刚刚进入市场不久的黄金企业细品其中的三味。

八、谁是黄金营销的主力军

当代黄金需要市场营销，那么谁应是黄金市场营销的主力军呢?

黄金首饰业是当今黄金最主要的需求领域，每年占黄金总需求的近八成，也可以说黄金需求主要就是金首饰的需求。所以黄金需求变化与黄金首饰商的切身利益息息相关，黄金首饰的营销已成为其生产经营工作的必要组成部分。我国 20 世纪 90 年代后期以后，因黄金首饰需求萎缩，而使市场竞争加剧，促使黄金首饰业的市场营销活动日益增强，生产厂家的广告投入加大，品牌形象的树立受到重视，消费趋势的跟踪与引导成为时尚，商家的促销活动花样翻新。这一切都使黄金生产者产生了一个错觉，认为黄金首饰生产商最需要推进市场营销，他们是黄金市场营销的主力军。

黄金首饰生产商需要进行黄金市场营销的结论并不错，但是首饰生产商有多种选择，因为他们一般不仅生产黄金首饰，他们还可以选择生产铂金、钻石、白银、珍珠、镶宝石、仿真等首饰产品，一旦黄金首饰生产和经营风险过大，无利可图时，他们随时可以弃黄金首饰，而转产其他首饰品种。目前这种情况已经发生。据调查深圳市珠宝行业汇聚了全国 70% 以上的生产能力，虽这些企业绝大部分都是靠生产黄金首饰起家，但进入 21 世纪仅有十余家（不足 3%）仍在坚持生产黄金首饰产品。这些企业的老总们说："十多年的生产黄金首饰的历史，与黄金是有感情的。虽从感情上难以舍弃，但市场变了，我们也必须另做打算。"所以当铂金首饰成为时尚后，原来生产黄金首饰的专业厂纷纷转产，由"黄"转"白"。这些舍弃黄金首饰生产的厂家也就不会再为黄金市场营销花力气，投入资金了。而且市场需求愈萎缩，撤离的企业愈多，市场营销的投入随之愈减少，黄金首饰生产商不是黄金营销持久的主力军。

黄金首饰经营商直接面对消费者，对需求变化最为敏感，是黄金市场营销的第一线力量，但是，从本质上看，黄金首饰经营商是黄金市场营销成果的享用者，他们所起的更多是推波助澜的作用，是时尚风气的追逐者而不是创造者。所以，当黄金因时尚变化而需求萎缩时，他们会立即随时尚变化而改弦更张。我们可以经常看到这样的情景：在黄金首饰一枝独秀时，首饰商店是"金灿灿的秋天"，而铂金首饰流行时，又成了"白皑皑的冬天"。黄金首饰经营商也不是黄金营销的恒久力量。

　　投资者也是黄金市场的重要参与者,当今黄金实金市场中投资需求量虽仅有总需求量的 10% 左右,但黄金合约市场中大部分交易都是投资者完成的,黄金投资者的交易量占黄金市场总交易量的 95% 以上,因而投资者的行为往往会成为影响金价变化的关键因素,那么投资者是否对黄金市场营销负有最大责任呢?

　　投资者与首饰商有相似之处,他们也有多种选择,多数投资者都是具有投机性的套利者,哪一个市场有机会就进入哪一个市场,一旦不利便迅速撤出转移到另外的市场,流动性很大。所以投资者高度重视短期金价波动,但对金价长期走势相对淡漠。从一定意义上讲,投资者是黄金市场机遇的利用者,不是黄金市场长期建设者。和首饰商一样,投资者也需要市场营销,但并不负有长期的责任,是黄金市场营销的重要同盟军,但不能成为主力军。

　　而黄金生产商与黄金首饰制造商、经营商及投资商情况不同,黄金生产商是长期投资者,需要在数年内、数十年内才能回收投资,并且投资数额巨大。所以黄金生产者是黄金市场长期利益的获得者,因而对黄金市场营销负有长期、持久的责任。由于黄金生产商投资巨大,一旦黄金市场需求疲弱,黄金生产者受到的损失也大得多,当然市场需求强劲而带来的好处,生产者也受益最大,因此黄金生产商应承担黄金市场营销的最大责任。也正是因为如此,国际大型黄金生产商视黄金营销为己任,向世界黄金协会持续注资,进行全球性黄金市场的营销活动。

　　进入 21 世纪,对于我国黄金生产者来说,黄金市场营销具有了更多的新内容,我国的黄金市场已向一般民众开放,黄金需求已由国家统购变为了民众消费,消费者由集中变为分散,因而,黄金营销必须探索新途径、新方式,故必须进行服务创新和产品创新。这是进入新世纪我国黄金生产者面临的一个新课题。

　　对黄金市场营销负有最大责任的黄金企业更应积极主动地联合有关方面共同展开更为深入和广泛的市场营销,开拓出一个更适宜黄金产业发展的市场环境。所谓更适宜的市场环境包括了相对的求大于供的市场结构、多元化营销的产品结构和有力的黄金消费文化支撑结构。这也就是黄金市场营销所要达到的理想目标。

种瓜还要卖瓜，而最大的收获者是属于会种瓜，也会卖瓜的人。如只会种瓜只能丰产，而只有会种瓜又会卖瓜的人，才能丰产又丰收，这是全面走向市场的黄金生产者必须明了的一个现实。

九、外国的"和尚"先念经

黄金市场营销对于我国黄金企业还是陌生的、不熟悉的，但我们国外的同行们早已开始行动了，这与他们长期在一个开放的市场环境中生存发展，对市场变化更为敏感有关。

不妨让我们看一看外国的"和尚"是如何念黄金市场营销这本"经"的：

黄金营销的历史并不很长，大规模的黄金营销可首推 20 世纪 70 年代后期的南非克鲁格金币的推销。1976 年南非矿山总会试发行克鲁格金币，3 年后开始大量发行。该金币的发行是对黄金非货币化倾向的反击，所以升水很低，而且是要大量发行，以增加其市场流通性。为此各经销商展开了大规模的市场营销活动，大量的广告面世，树立"最终资产"的形象，为此投入了数千万美元，到 1984 年年销售量已达 400 万枚，南非 20% 的黄金用于铸造金币。南非克鲁格金币市场营销的成功，使澳大利亚、加拿大、墨西哥等国家也加强了对本国金币的市场营销活动，以扩大自己所发行金币的市场影响力。

在金币市场营销声势一浪高过一浪之时，黄金投资的市场营销也开始展开，各种新的投资产品相继推出市场，在 20 世纪 80 年代初国际上黄金投资的市场推广宣传投入每年近 2000 万美元。因为这时黄金投资者已是数以千万计的一般民众，要让黄金投资深入人心，市场营销宣传是必需的。金首饰早已从国王的宫廷走进了民众家庭，成为大众的需求。1968 年金价双轨制出现以后，大量的黄金被首饰业吸收，以至于一时所需黄金超过了当时西方矿产金的数量，这也正是在大规模的市场营销的推动下实现的。

当国外同行们演出这一幕幕市场营销剧时，我们还在封闭之中而没有任何察觉，但 1994 年世界黄金协会进入我国，外国的"和尚"开始在我们身边念起了市场营销"经"。在世界黄金协会进入我国的初期，中国的同行们更多的是迷惑与不解，因为那时黄金仍在管制之中，产品供不应求，完全看不到营销的必要，更无营销的概念。对于国外同行自掏腰包来中国搞黄金营销，如同听到一个人们编撰的故事。

世界黄金协会是 1988 年由南非、澳大利亚、美国、加拿大等国黄金矿业公司联合创立的一个国际性组织，总部设在英国伦敦。协会的宗旨就是在全世界推广黄金的应用和推销黄金产品，增加世界黄金的需求。其经费来源于黄金矿业生产商会员交纳的会费，近年每年在全球投入的黄金营销经费达 5000 万美元以上。世界黄金协会的成立，标志着黄金生产商市场营销的世界性，现已在我国北京、上海和台湾设有办事机构。

世界黄金协会进入我国已过去了 15 年，在这期间他们主要的市场营销在以下三个主要的方面展开：

（1）推动我国黄金首饰设计和市场营销水平的提高，为之做出了持之以恒的努力。

（2）推动我国黄金管制的解除和国际间的交流，是我国黄金市场化改革的积极参与者。

（3）推动我国黄金产品的结构调整，为我国走出 1997 年以后消费持续下跌困局做出了贡献。

10 年耕耘，世界黄金协会用他们扎扎实实的实际行动得到了我国社会广泛的认知，并与黄金生产者、经营者和政府部门建立了更为深入的人际脉络，在我国当今重大黄金产品营销活动中大多都能看到世界黄金协会的身影。

世界黄金协会为我国黄金生产者树立了一个现实的、可接触的、看得见的黄金市场营销的示范样板，把黄金营销的理论说教变成了一种活生生的现实。

在世界黄金协会之后，铂金、钻石、白银、钯金等国际性组织也开始进入我国，开展不同规模的市场营销活动。他们的营销推广活动，也刺激和带动了黄金营销的发展，使我国黄金营销活动的深度与广度都有了长足的进步，但在这个进步中，黄金制品的生产与经营企业的表现更为积极，而黄金生产企业的行动相比较是沉闷而滞后的。

十、不能永远是旁观者

长期黄金统收专营的管理体制，使我国黄金生产者长期远离市场，影响所及，黄金市场化以后还缺少市场营销观念，因而也缺乏参与热情和行动的迫切性。

21世纪是黄金市场化时代，在完成从计划经济向市场经济转轨的过程中挑战与机遇同在。作为以营利为目的的商品生产者，最大的挑战是市场价格的变动给经营带来的不确定性，而最大的机遇是获得了开拓第二效益源泉的权利。市场营销改变供求关系，使市场基本面向有利于生产者的方向转变，则既是规避挑战风险之策，又是把握机遇效益之举。当代市场不仅是完成商品交换的场所，更是交易参与者利益博弈场，交易各方力量角力就是通过商品供求关系的调整表现出来的，最终市场基本面决定了博弈参与者的利益分配。从表层上看，市场营销是推销产品，以维持商品连续生产，而从本质上讲，市场营销是利益的维护，因而不论商品是否滞销，市场营销者都是必需的，对于商品生产者的生存发展是至关重要的。1997年以后出现的金价持续低迷，也确实使我国的黄金生产者切身感受了来自市场的压力，而2002年之后金价持续增长，也使我国黄金生产者切身体会到了市场潜力之巨大，前后的现实比较使生产者看到了市场开拓对发展的重要意义。所以总的来看，进入21世纪黄金生产者对市场营销的认识在提高，行动的积极性也在增强，但是许多企业并未摆脱旁观者的角色定位，似乎天塌下来有人顶着，更何况天还没有塌呢！

我国已是世界黄金第一生产国和第二需求国，黄金市场的发展具有进入世界前列的潜力，并且日益开放，与世界融合。因此我国的黄金营销需要有一个更大的飞跃才行。为此我国黄金生产者应尽快进入角色，要从旁观者向关注者、支持者、推动者的角色升级转变。

关注者：我国黄金生产者首先要树立有了市场需求，才会有生产者生存与发展空间的观念。市场是生产者行为的起点，同时也是生产者行为的终点，我国黄金生产者不能再以生产为中心了，这种发展的思路调整，要求黄金企业必须关注市场变化，重视市场营销。

支持者：第一步主要是发展理念的转变，在此基础上还需将市场营销列入日常工作日程，并设立专项资金，参与社会市场营销活动，对于营销活动给予必要的人力与物力支持，成为黄金市场营销的有力支持者和参与者。

推动者：一些大型黄金生产企业应逐步成为我国黄金营销的骨干力量，要求这些企业不仅是参与者和支持者，而应主动承担起推动者和组织策划者的责任。目前我国盈利上千万元，甚至上亿元的黄金企业有一批，但能举起市场营销大旗，主动推动我国黄金市场营销的并不多。2007 年产量达 170 吨的世界第二大黄金生产企业盎格鲁黄金有限公司对自己的市场角色定位是："在运作上，本公司为一间黄金开采公司，而广义而言，本公司认为本身乃一间致力公司产品能在全球市场广受欢迎之黄金公司。"越是大型企业，越要关注产品市场。今后我国黄金市场营销大戏的开场，更多地要寄希望大型黄金企业的主动参与和积极行动。我国黄金企业认识统一之时，行动统一之日，便是我国黄金市场营销真正兴起之时。

黄金市场营销是黄金企业应努力耕种的荒原，一是说黄金生产者在市场营销上还存在着众多的空白，还很荒凉；二是说市场营销荒原蕴藏着巨大生产力，应去挖掘。荒原的存在不会永久，我国黄金生产者将会用越来越多的事实证明，中国将会出现一幕幕黄金营销的大剧，在世界黄金市场的振兴发展史上写下中国人浓浓的一笔！

第六部分

黄金文化商品化的理性审视

　　进入 21 世纪，一个我们早已耳熟能详的词汇——文化，悄然在黄金行业开始热议起来，一些黄金企业以空前的积极性参与各种社会文化活动：赞助体育赛事、组织首饰设计大赛、举办黄金文化节、兴办黄金旅游等。这是前所未有的新鲜事。

　　文化——这个以往被视为只有文人墨客们才去玩弄的东西，现在却被日益增多的黄金业内人士寄予厚望。黄金生产者希望用文化提升黄金产品价值，黄金产品经营者希望用文化提升市场人气，更有一些地方政府希望用文化提升当地的黄金经济总量。

　　如果我们把运动仅理解为是一个变化过程的话，可以说 21 世纪伊始，在我国黄金行业兴起了一场"文化掘金运动"。

　　"文化掘金运动"就是以增加文化要素的投入，促使黄金财富的增长和价值的提高。它有别于传统的单一以物质要素投入的增长带动经济总量增长的发展模式，而冠以"新文化掘金运动"。

一、文化有价

1. 萝卜卖海参价

　　到古都河南洛阳，好客的主人往往会以水席招待，据说这是唐朝女皇武则天所享用的宫廷大餐，在当代则成为洛阳的一道名胜，与到北京一定要去长城一样，到洛阳一定要吃水席。一席吃罢，给我印象最深的除菜肴汤多，是名副其实的水席外，另外就是萝卜成了宴席的主角：凉菜中有之，热菜中有之。这种百姓餐桌上也属平常之物经大厨的烹调后，又冠上了种种历史典故，便身价倍增，超过了海参。但对萝卜卖海参价并没有人惊呼上当，相反却乐此不疲，食客者众。原因就是在那样一种古色古香的环境中，在一种复古的氛围中，人们的视觉、嗅觉一下回到了千年之前的岁月，从而有了一种前所未有的精神体验和满足感。此时人们感到在那里"吃"的不仅是食物，而且是文化的享受。因而此席之所以被认为物有所值，是其中的文化价值起到了关键性作用。

——有形的物质有价值，无形的非物质形态的文化也有市场价值。

2. 天价领带的秘密

改革开放之后，国人穿西服者日众，故每人都会有数条领带备用。领带用料不多，是一种小物件，但不同的领带价格却有天壤之别，低的仅数元钱，高者上万元，价格如此悬殊，很难用选料、做工、成本的差别做解释。但是仍有人选择天价领带，难道他们是有精神问题，非要舍贱求贵？非也。

名牌天价领带不仅有领带的一般性功能，而且产品的品牌效应可以传递出一种与众不同的文化信息，成为佩戴者身份的象征和社会地位的标志，这是一般领带所不能传递的信息。而消费者之所以舍贱求贵购买名牌领带是出于一种精神文化的需求：或是宣示满足感，或是标新的优越感。

——原来满足感觉也有价值，感觉的满足也需付费。

3. 文化立基

企业生存发展需要物质要素做支撑，没有资源便不能生产。传统的资源是自然物质，到大工业生产时代，企业的资源除自然物质外，机器和资金的因素比重日益增加；而在今天，所谓后工业化时代，技术与文化的因素作用又显威力。而且发展的总趋势是资源的内涵日益从有形的硬体资源向无形的软体资源扩展。

东华纺织集团是一个地处江苏常州的民营企业，其 2001 年才进入彩棉行业，短短数年便研制出八大系列、5000 多种彩棉制品，产品出口到 60 多个国家，成为年创汇 4000 多万美元的大型联合企业，每年的增长速度高达 537.99%，迅速地跻身于国内百强成长型企业第 10 位。

是什么原因使东华纺织集团获得如此巨大的发展动力，自然资源优势的造就、经济效益的提升是必不可少的，但集团把企业发展的秘诀概括为"文化立基"。"文化立基"就是追求营造奋进求新的企业氛围，为员工提供施展才华的舞台。由于"文化立基"就能使来自不同国家、来自五湖四海的员工凝集起来为一个共同的目标努力。

——文化已是企业发展的重要资源，氛围也是工作的重要前进动力。

这些发生在我们身边的事例，可以使我们看到和认识到今天与昨天已有怎样的不同，那些属于文化范畴的各种软资产一旦和物质商品相结合就能产生何等大的现实经济价值，而且当代软体资产在物质生产过程中显示出日益增强的作用，甚至已经影响到商品的定价原则、企业的形态与组织结构、资产的种类与形态、企业的运行模式等。这一切都印证了文化有价这个基本的判断。然而，为什么文化的软体资产具有价值呢？这个问题的答案应从人类需求谈起。

二、两种需求和两种财富

求生存是人类的本能，维持生命因需要能量的补充而需要消耗各种物质。所以，人类为了生存就必须生产生存所需的产品，于是生产成为人类基本的社会活动，而且随着人类需求的增长而出现了日益扩大的生产活动。

人类的需求有两大类，一类是人类生存对物质产品的需求，这是人类最基本的衣、食、住、行的需求；另一类是在这些基本需求满足之后，日益增多的精神需求，表现为心灵满足、视听快感、认知欢娱的需求。

由于人类存在着两种不同的需求，在社会分工的推动下，最终形成了两个不同的生产部门。一类是从事物质财富生产的部门，如工业、金融和运输等行业；另一类是从事精神财富生产的部门，如文艺、教育、出版和科研等行业。前者称之为经济部门，后者称之为文化部门。狭义上的文化概念就是特指后者生产的精神财富，如文学、艺术作品和科研技术专利等。

从表象层面来看，两个部门有很大差别：两者的产品形态不同、功能不同，需要的生产和工具不同，其生产的规律也不同，两者似乎不存在密不可分的关系。但是，我们如果从人们的消费过程观察，这两种财富往往存在于一个统一的消费过程之中，即在满足人类物质需求的同时也有相应的满足精神需求的要求。所以在物质生产中需要有文化要素的赋存，而文化产品又往往需要物质要素的支撑。实际每一个消费过程都要满足物质与精神的双重需求，只不过表现的侧重点有所不同，两者绝对分离的情况是在极个别的情况下才能发生。

如果我们把人类的物质财富需求和精神需求视为一个紧密关联的统一消费过程，那么商品的生产与交换过程就不再是单一的物的生产与交换，而是——

对于商品消费者：商品的消费过程中既要实现物质需求的满足，同时也要实现精神需求的满足，消费目的具有两重性。最常见的消费现象是消费者购买商品不仅着眼于其有用性，而且关注其外观的可视性和品牌的美誉度。

对于商品生产者：商品的生产过程中既要实现商品的物质要素的增值，也要实现商品的精神要素的增值，商品价值的构成具有两元性。最典型的现象是相同功能的产品，但品牌不同价格就有差别。因为虽物质要素相同，但文化要素不同，对人类精神需求的满足不同。

所以，商品的价值提升，既可以通过商品所包含的物质财富的增长来实现，也可以通过精神财富的增加来实现。借助文化的力量可以使商品增值，对社会经济产生推动力。

其实，这种情况在当今社会已屡见不鲜，在市场中大量存在着。如名牌时装的价格就比一般服装要高得多，因为消费者不仅穿衣服，还要穿品牌，品牌也是有文化价值的；建筑也要讲美学，住宅是为了住，但还要有欣赏功能，使人产生良好的视觉效果。

借文化之力，不仅是黄金行业，其他行业也有过类似的尝试。"文化掘金运动"虽是一条以前没人走的新路，但因其有经济理论和实证案例做支撑，故具有合理和可行性。广义上的文化概念是人类历史上创造的物质财富与精神财富之和，因此社会经济不仅仅是物质财富的生产，也包括了精神财富的生产。这也是一个广义的经济内涵，广义的文化概念让我们有了一个更广阔的经济增长的视野。

人类为了生存而产生了两种需求，但人类的这两种需求程度也存在着差异性：物质的需求是维持生命的第一位需求，精神的需求是第二位的需求，但基本的物质需求满足以后，人类物质需求欲望逐步降低，而精神的需求则上升，这就是物质财富效应递减规律。

三、物质财富效应递减规律

人类为了生存，对物质财富的占有是绝对必要的。物质财富的占有不仅保证了人们生存的基本需求，而且给人们的精神上带来了许多欢娱与惬意。但是，人们对财富占有的满足和欢娱感并不会总随着财富占有量的增长而正比增长。

经济学家经过大量的观察，得出的结论是，如果以财富金钱为横坐标，以幸福快乐感为纵坐标。当人们尚未解决温饱时，财富金钱的增长能给人们带来巨大的快乐幸福感，表现为一个上升的曲线，在这个阶段，人们对财富金钱的选择是首位的，但是当人们的温饱问题解决之后，财富金钱的增长带来的幸福快乐感开始减弱。慢慢地，纵然财富金钱有巨幅增长，幸福快乐感却不一定会随之增加，上升的曲线变成了一条平直线。这就是经济学者们通过大量研究而得出的物质财富效应递减规律，如图 6-1 所示。

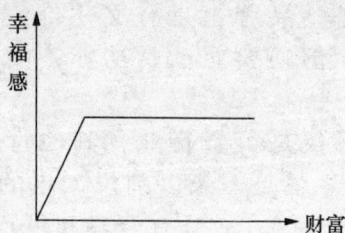

图 6-1

　　学者们曾对美国做了一次国民平均收入与幸福满意度的调查。20世纪50~90年代美国人均收入由6000美元上升到1.6万美元，增长了1.67倍，但幸福满意度却只是在一条水平线上下波动。

　　日本也有同样的情况，在其经济高速发展的近30年里，日本人的幸福感并没有随之上升。

　　物质财富效应递减规律提示人类需求的一条规律：人们对物质财富的需求和对精神财富的需求并不是平分秋色，而是分阶段、分层面的。随着社会民众温饱的逐渐解决和物质财富的增长，人们对物质财富的追求相对弱化，此时物质财富的增长已不能给人们带来更多的幸福和快乐而日益重视精神财富的追求，把蔑视物欲、张扬个性作为时尚。

　　当消费者把精神财富的价值追求日益放在优先选择时，精神财富的价值得到了社会的更大认可，并可能会出现更多升值的机会，文化对经济的促进与增值作用开始日益凸显。这时"文化掘金"才有了现实的经济意义，所以消费者需求由物质需求优先，向精神需求优先的转变是"文化掘金"运动成功现实的前提条件。

　　精神需求优先的消费取向对社会财富的生产产生的影响是：

1. 精神财富生产成为独立的产业

　　人们精神财富追求的强化，必然要求社会精神财富生产的产品品种增加、数量增多，从而推动社会分工，在物质财富生产的基础上分化出一个独立的文化产业群体，从而使整个产业的外延延伸，产业的经济总量扩张。

2. 市场商品档次升级

　　消费者对精神需求的强化，不仅表现为对商品数量、品种需求的增加。在基本生存需求解决后，消费者开始注意生产质量的提高，追求生活文化品位，因此又产生了提高消费档次的要求。

　　如在我国20世纪70年代人们追求的家庭3大件，是百元级产品：手表、自行车、缝纫机；而 80 年代是千元级产品：电视、冰箱、洗衣机；90 年代则是万元级的产品：电脑、轿车、住房。物质财富消费档次的提高，促使社会财富生产不断地获得新的市场发展空间和产品增值的机遇，把社会生产力推向新水平。

3. 商品品种、花色更新加快

消费者对精神财富追求的强化，还表现在对需求的求新求变。人类基本生存需求是一种共性的、相对稳定的需求，而精神需求往往是多样化的、可变的。对商品求新、求变的追求成为这些消费者的一般取向，因此新产品的研发和款式更新频率加快，求新求奇，在增加了生产者竞争压力的同时，也增加了生产者更多盈利和获得成长的机会。

我们是一个发展中国家，但经历了 30 多年的经济改革后，到 21 世纪初我国的经济形势已发生了极大的变化：

（1）到 2003 年我国改革开放以来的国民经济总值年均递增率是世界平均水平的 3 倍，已经成为世界第 6 大经济体；2003 年的 GDP 总量达到 11.66 万亿人民币，人均收入突破了 1000 美元。

（2）以我国物质财富快速增长为基础，20 世纪 80 年代末基本上解决了温饱问题；进入 21 世纪以后，我国开始了全面小康社会的建设，百姓生活向富裕、享受型过渡，社会文明得到了全面提升。

（3）在物质财富增长、社会文明提高的同时，社会财富积累大幅增加：2003 年国家外汇储备已突破 4500 亿美元，是改革开放前 1978 年的 110 多倍；居民个人储蓄存款突破 10 万亿元，是改革开放前 1978 年的 50 多倍。

随着民众财富的增加，生活日益富裕，社会消费在 21 世纪初出现了明显的分层现象，物质财富效应递减规律已在社会消费群体中显现，从而使当今社会需求结构和市场产品结构发生了深刻的变化，首当其冲就在黄金需求上得到了表现。

我们中华民族是有浓厚黄金情结的民族，视黄金为绝对财富，而成为财富追求的最高目标，这在很大程度上与近代中华民族饱受动乱之苦，经济江河日下，民众极度贫困的历史密切相关，这是面对饥饿和动荡而追求温饱和安定的一种反映。所以，20世纪80年代初我国恢复黄金首饰市场供应时，因还处在黄金管制的体制中，于是24K足金首饰成了民众的最爱。因此，当时我国首饰市场成了足金首饰一枝独秀的市场。这是因为那时人们购买金首饰主要的目的是累积财富，而装饰的目的是第二位，而且在这第二位的目的中还有相当大的成分是为了炫耀财富。

到20世纪90年代我国黄金首饰需求出现了第一个高峰，1992年达到了350吨，占到了当年全球总需求的12.7%，但是，进入90年代后期虽然我国经济持续发展，民众收入大幅提高，有了更大的社会购买力，但黄金首饰需求不升反降，到21世纪的2002年需求量比1992年下降了42.9%。如图6-2所示：

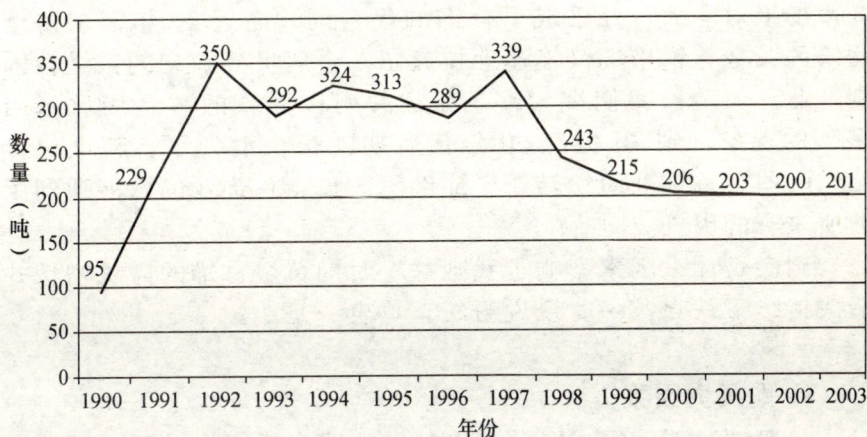

图 6 - 2

资料来源：《黄金年鉴1992》、《黄金年鉴2004》。

黄金首饰在这一历史时期需求不升反降是一个典型的物质效应递减案例，随着民众财富的增加，需求逐渐从物质满足优先变为了精神满足优先，因而过去购买金首饰的目的是财富积累和保值，所以重成色和分量；而现在购买的目的是为精神上的满足，个性的张扬和环境的美化，因而重款式和工艺。消费者需求取向的变化要求黄金首饰产品的变化与之适应，但当时黄金首饰文化要素含量低，款式陈旧的矛盾十分突出，并不能满足变化了的需求，因而结果是使众多的消费者转而选择有更多时尚要素的铂金首饰，黄金首饰需求萎缩。对这一案例是值得进一步分析的。

四、谁动了黄金首饰业的"奶酪"

黄金首饰需求由升到跌这一案例，对于我们认识"新文化掘金运动"具有很大的启示作用，所以做近一步解剖分析：

我国首饰市场是以金首饰起家的，近10年来我国近90%的黄金是用于金首饰制造业，金首饰在很长的一个历史时期里是首饰市场绝对老大，几乎成了首饰的代名词，而近20年需求持续增长的黄金首饰市场又迅速地拉起了一个居世界前列的黄金首饰制造业。但是被我们视为富足象征并引以为豪的"金店比米店多"的现象，到20世纪90年代后期就很快消失了。新世纪伊始，一些金首饰商纷纷转产，或倒闭。黄金首饰业的发展遇到了前所未有的困难。

到底是什么因素影响了我国这一时期黄金首饰的需求增长并造成持续下跌呢？一时众说纷纭，莫衷一是：

1. 购买力因素

一般情况下，需求和消费者经济购买力成正比关系，消费者经济购买力提高，消费量就有可能增长。消费者不具备一定的经济实力，很难有较大的购买力，尤其对黄金这种价值很高的商品，更是如此。这种说法认为：影响消费者经济购买力最重要的因素是家庭收入。

而事实却是，20世纪90年代中期以来居民收入增长颇为迅猛。央行统计数字显示：1992年，居民银行存款总额为1.38万亿元，而2003年则已突破10万亿元，增长了6倍之多。也正是在这个时期，我国居民消费水平开始大幅攀升。因此，20世纪90年代后期以后长达6年的黄金需求持续低迷，应该不是因购买力下降造成的，而是另有原因。

2. 价格因素

在黄金市场上存在着这样一种情况，在金价上升时，消费者为了获利，往往会将存量黄金变现，市场出现需求减少、供给增加的现象。依国际惯例，金价走势与消费走势成反比——金价上涨3%，需求会下降1%；相反，我国黄金需求持续下降的时期，却恰恰是金价持续走低的时期，我国黄金需求与金价走势并未呈现出反比关系。金价的上涨可能会对部分消费者产生影响，但这不是黄金需求持续下跌的主要原因。

3. 能力因素

是否是生产环节出现问题，供给能力不足而造成市场萎缩呢？经过20世纪80年代后期至90年代中后期，十余年的发展，我国黄金制品的生产能力大大提高，到20世纪90年代后期已出现四成以上过剩生产能力。1997年以后我国出现的黄金市场需求萎缩完全是在生产能力过剩情况下发生的，尤其是1999年批准深圳人民银行开展黄金寄售业务以后，黄金原料的供应也得到了充分的保证，市场的生产供给能力完全可以满足需求，对于这样的结论，业内是得到公认的。

4. 文化因素

据北京黄金经济发展研究中心和中国黄金报社联合举办的2002年度首饰消费调查表明，消费者购买首饰最为看重的首要因素是款式，对款式的关注甚至超过了对质量的关注（消费者对款式的关注度为77%，对质量的关注度为73.6%）。首饰的款式已是影响黄金需求的首要因素。款式是首饰时尚的外在符号，是首饰文化内涵的语言表达，然而，黄金首饰款式陈旧是当时消费者的普遍性评价，为什么同样的产品在10年前被追捧，而10年后被抛弃呢？原因是民众的消费取向发生了变化：

中华民族是一个崇尚黄金的民族，出现黄金需求疲软的现象，我们认为这不是购买力的原因，而出于需求意愿的原因。

　　当我国居民解决了温饱，并在小康社会道路上迈出了一大步的 20 世纪 90 年代中期，居民消费需求的取向开始转向精神财富的追求优先，讲究返璞归真，欣赏个性品味。人们不再以标榜财富、张扬富有为荣，渐渐疏远了曾以财富、富贵权势为文化符号的足金首饰。那时由于黄金管制的束缚，黄金首饰业并未能敏锐地洞察到消费者的消费取向正在发生变化，而在传统中陶然，没有主动地根据消费取向的变化进行产品重新定位和产品更新。结果，以高雅时尚为文化符号，以柔情似水感情诠释的铂金首饰乘机迅速地崛起，成为首饰时尚领军和消费者的首选。铂金首饰用不到 10 年的时间，在中国创造出一个世界销量第一的铂金首饰市场，占有全世界 50% 以上的市场份额。与黄金首饰需求不断下降形成了鲜明的对照，如图 6 - 3 所示。

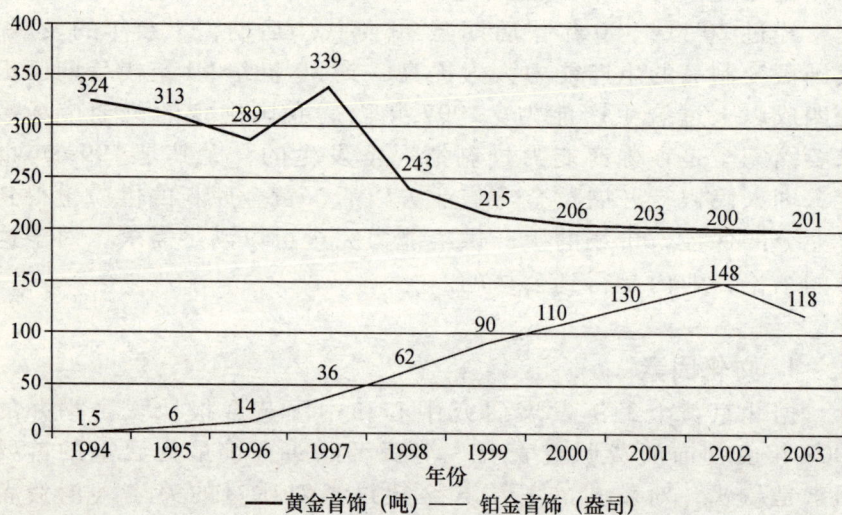

图 6 - 3

资料来源：《黄金年鉴 2004》、《铂金年鉴 2004》。

　　但从世界的范围看，铂金首饰在中国取得的成功并不具备普遍性的国际意义，因为铂金首饰的流行也只是集中于为数不多的国家。中国和日本两个国家就集中了世界铂金首饰需求量的

80%，这说明大多数国家并不流行铂金首饰。铂金在我国首饰业取得的成功，从某种意义上讲，不是物质财富力量创造的，而是文化力量取得的，是满足了消费者新的精神财富需求的结果。本来黄金首饰也可以通过自身产品的调整来满足这种新的精神财富需求，但却丧失了这次机会。既然黄金首饰是因文化力量的欠缺而败下阵来，未来的重新振兴也必须在增加黄金首饰文化财富上做文章。

以上原因分析表明，消费取向因素造成的黄金首饰款式"瓶颈"是造成从 1997 年以后黄金首饰需求持续下跌的主要原因，再进一步分析是因当黄金首饰的产品结构不适应消费者由黄金物质需求优先向精神需求优先转变的需求。但取向变化是外因，只是表明市场环境条件已发生变化；而款式因素是内因，表明当时黄金首饰产品需要增加时尚元素，在产品款式上推陈出新。无论内因还是外因，反映出的都是与精神层面的需求变化相关，因而解开黄金首饰业发展的这个市场的结，不能仅依靠物质要素的投入增加，而是需要有更多文化要素的投入，包括新的市场理念，以及在新理念基础上的产品创新。一句话，我国黄金首饰业发展的现实已把黄金文化创造提上了工作日程，"文化掘金"的思想开始萌发。

五、为"文化掘金运动"理论奠基

黄金文化要素的浮现，使我们找到了这一历史时期黄金首饰需求变化的根本原因，更进一步在黄金社会功能认识上出现了一次深化：民众对黄金首饰满足精神需求的要求表明，黄金不仅应是一种满足人类基本生存需要的商品，而且更应是一种满足人类精神需求的文化产品，因而其价值应是黄金物质财富和文化财富的总和，增加黄金文化财富生产就可以拉动黄金经济总量增长，这就为新"文化掘金运动"的理论提供了构建基础。

前面分析中已指出，因为人类存在两种需求，所以就产生了满足不同需求的两种商品，但从消费的过程看，是生理与心理满足的统一过程，但有所侧重：满足人类的物质需求的商品，随着人类物质生活的丰富，其文化要素的赋存也在增加，但其物质的要素仍是主导的，第一位的；而满足人类精神需求的商品，一般也必须依存在物质要素上，以物质要素做承载体，但文化的要素是主导的，第一位的。所以才有了两个不同生产部门的分工，那么黄金的社会功能定位是前者，还是后者呢？回答这个问题我们需要做一个历史的考察：

黄金最基本的特性是稀有性和贵重性，这一基本特性是天然的，从古至今没有变化。因为稀有就限制了黄金在人类社会生活中的广泛应用；因为其珍贵，所以就不会大量地用于消费。因而纵观人类漫长的发展历史中，黄金主要是与人类精神需求相关，黄金只是间接而不是直接用于满足人类衣、食、住、行的需求，虽然也不能绝对化，但其主导性的功能确实与人类的基本需求无关。

在古代，人类的物质相对短缺而且精神愚昧，黄金主要是存在于宫廷庙宇之中，是显示神灵和神圣的物质载体，表现的是一种威慑力，这显然是一种人类精神层面上的文化需求。

在近代，黄金走出宫廷，进入世俗社会，成为中心货币，这是人类社会在交换领域中的一种制度性安排，又泛属人类文化的范畴。但即使在"金本位"时期，黄金也不能直接用于满足衣、食、住、行的需求，而仅是一个获得所需物质的媒介和工具。这时黄金的主导需求是一种制度性的需求，因而也是一种文化的需求。

在当代，黄金在工农业中得到应用但也十分狭窄，主要是用于生活的美化（制造首饰和装饰环境）和投资。当今每年的黄金交易量在 20 万吨以上，但只有 4000 吨左右为实金交易，也就是说，97% 以上的交易量是人类投资需求而产生的黄金合约交易而不是真正的黄金，而且即使在这不到 3% 的实金交易中，80% 左右是用于制造首饰，10% 左右是用于投资，只有 10% 左右是作为原料用于工业生产（主要是电子和通讯业），是与人类基本生存需求相关，也就是说当今只有 3% 的黄金交易是用于满足人类的基本需求，而绝大部分是以与人类精神需求相关的商品形态存在。所以，当今黄金的主导性功能不是满足人们的基本生存的需求，而是满足更高的人类精神与发展的需求，是一种文化要素第一位的产品。

以上的结论似乎与我们传统的感知相矛盾，这是因为在人类的历史上，黄金生产力长期十分低下，黄金长期处于极度短缺的状态，表现为黄金物质十分稀贵，所以格外被关注；另外，近代黄金又曾是货币承担一般等价物的职能，可以交换获得所有商品。不是稻禾，胜于稻禾；不是锦帛，胜于锦帛。表现出与人类物质需求的密切相关性，因而人们格外看重的是其物质财富性质。而在物质贫乏，极度贫困的环境中，人类为保证生存而对物质的渴求是第一位的，所以那时人们对黄金的渴求源于对物质的渴求，而不是文化的需求。父辈们给我们留下的黄金故事，往往都是在饥寒交迫之际，因黄金而解困；或是惊喜中偶得黄金，从此丰衣足食等。正是以上种种原因，人们会自然地把黄金与满足人类生存的基本需求联系在一起，把黄金产品归类于满足人类物质需求的产品。

另外，确实在很长的历史时期内，因无论是民众还是国家都以拥有更多数量的物质黄金为诉求，黄金需求主要是应对温饱，而黄金文化财富并没有得到广泛的社会认可，也没有广泛的需求，因而其价值也难以得到发展提升而被边缘化。但是今天，当人们的基本物质需求得到满足以后，精神的需求日益增加，黄金文化财富日益显现重要地位，黄金产品的文化要素价值在市场中得到体现，这是物质财富效应递减规律作用的结果。当物质的拥有不能再带来更多的快乐和满足时，人们会轻视物质财富转而追求非物质的精神财富，以满足其心灵和感观上的需求。因此就有了吃文化、穿文化等文化立基的种种现实故事。

当今，黄金社会功能的定位，是新"文化掘金运动"的理论基础，因为黄金是一种文化要素主导的商品，所以通过黄金文化财富的增长，做大黄金经济便具有了必然的逻辑性，而黄金文化财富价值提升的动力则源于物质财富效应递减规律。我国改革开放事业的不断推进，则使我国在新世纪具备了新"文化掘金运动"兴起的外部市场条件。"文化掘金运动"之所以在新世纪初发生并非偶然。

六、新"文化掘金运动"剑指何方

新"文化掘金运动"基础理论的奠定是表述和论证新"文化掘金运动"的合理性与必然性,然而还有一个重要的问题没有涉及,这就是选择什么样的路径实现"文化掘金"的目标。

"文化掘金"发展之路之所以"新",是不同于传统的唯一以增加自然资源投入实现经济总量增长的发展之路,而是以增加文化要素的投入,在不增或少增加投入自然资源的条件下实现社会经济总量的增长,因而这是一种资源节约型、可持续发展的道路选择。因为文化资源是以人类智力为主要形态的软体资源,具有可重复使用和可持续创新的特征。新"文化掘金运动"工作目标有两个,即黄金文化的商品化和黄金文化的产业化。黄金文化商品化是黄金文化产业化的基础,黄金文化产业化是黄金文化商品化的发展,两者有所区别又相互联系,互为影响。

黄金文化产业化,就是把文化作为黄金产业发展的要素,通过增加文化要素的供给实现黄金产业的外延扩张。

黄金文化商品化,就是通过增加黄金商品中的黄金文化要素,提高黄金产品的市场价值将黄金产业做强。

通过黄金文化商品化可带来的变化是,首先是使黄金产品更为丰富,提高产品档次,对生产企业来说,产品的个性化为企业走出价格战的泥潭创造了条件,产品的文化价值增值,开创了增加企业效益的新途径。

黄金文化的产业化可给黄金产业带来的变化是:首先将催生新形态的黄金企业,拉长我国黄金产业链,在不断拓展新的发展领域的过程中,扩大黄金产业的规模。

这两个方面构成了新"文化掘金运动"的工作内涵。表明黄金业者终于认识到,今后的生存发展的规则已完全改变了。占有市场的重要性已不逊于企业对资源的占有需求,管理效益的贡献率开始日益让位于市场运营效益,非物质的无形要素在实物产品生产中开始占有了越来越大的份额。因此，黄金生产者在学会物质生产要素的开拓与提高管理技术的同时，还必须关注市场风云变化，学会市场运营技术才能生存发展。

"文化掘金"工作的推进具有层次性，在不同的工作层面上的工作内容和具体目标有所区别，因此应根据工作层面的不同，制订不同的工作方案。

"文化掘金"工作推进分四个层面，即产品工作层面、企业工作层面、行业工作层面和社会工作层面，这些不同工作层面上的达成目标是：

黄金产品层面的"文化掘金"关键是提高黄金商品中的文化价值构成，企业层面的"文化掘金"的关键是提高企业软价值和核心竞争力，行业层面的"文化掘金"的关键是发展文化企业，提高产业文化产品的生产与创新力；而社会层面上的"文化掘金"的关键是培育有利的黄金文化的社会氛围，为黄金产业的发展提供强有力的文化支撑力。以上各方面的详细分析在此后的实践探索篇中我们将展开专题论述。

七、文化掘金：并非浪漫的小夜曲

"文化掘金"的观念产生于面对生存困境的思考：黄金市场需求萎缩首当其冲的是面对最终消费者的黄金首饰的生产商和经营商，因而引起了 20 世纪末和 21 世纪初黄金首饰业的一次洗牌，有一批企业倒闭或转产。同样对我国的黄金生产商也产生了影响，虽然没有出现因黄金滞销积压，资金周转不灵而引起黄金矿山大批倒闭，但需求萎缩，导致金价走低，从 1997 ~ 2001 年的 5 年中国际金价下降了三成多，人民币金价也随之走低，不仅是黄金生产企业盈利的低谷期，也是生产的低谷期，产量几乎没有增长，发展遇到了很大困难。但是，对于大部分企业因可通过调整资源入选品位来降低成本（但是以资源的浪费为代价）应对难关，眼前的日子还过得去。因而，对市场需求下跌的反应远没有首饰生产商和经营商那么敏感，行动表现迟缓，慢了半拍。但是，到 2004 年黄金企业对"文化掘金"的讨论热烈了起来，而且开始纷纷行动起来，这个变化是当时客观事实的教育和国家要求转变经济增长方式双重力量作用的结果。

1997～2001 年，5 年间国际金价下跌了 30.1%，因此我国人民币金价也下跌了 25.2%，初步估计因金价下跌这 5 年黄金生产者而减少收入 140 多亿元，而从 2002 年开始金价回升，到 2004 年的 3 年间金价增长了 51%，因此黄金企业盈利大增，2004 年黄金行业盈利比 2001 年增长了 1.54 倍。这一得一失的事实，给黄金企业上了生动而深刻的一课。效益不仅产生于生产过程，也表现在流通交易过程之中，事实表明市场是如此威力巨大，它可以使生产者倾家荡产，也可以使生产者富得流油，这种体会是从前未经历过的。于是一直只是关注供给和现场管理的黄金生产者，也开始把消费和市场运营环节纳入了自己的发展视野，认识到刺激市场需求也是生产者的责任，但拉动需求要有新的工作思路。

市场需求的下跌，压缩了生产者的生存与发展空间。因此黄金生产者当前许多发展问题源于需求环节，而不是供给环节，所以增产不仅不能解决生存发展的问题，反而使问题严重性加剧。

在需求不足的市场结构中，增加供给会对价格产生压力，在这时提高产量、增加供给，不仅不能增加生产者的收益和利润，反而可能会大幅减少收益和利润，使生产者长远的发展面临更多新问题。

习惯于和各种实体生产要素打交道的黄金生产者，开始日益感到，原来所熟悉的"十八般兵器"的局限性，所擅长的增产手段不仅不能使我们"柳暗花明"，反而会置于更大的被动。因而要求黄金企业必须改变工作思维，必须选择进入市场，借用文化的力量拓展市场需求。

另外是新世纪我国黄金管制解除，黄金企业进入了全面市场化时代，这是一个变革的时代，竞争的时代，经过 20 多年的持续发展，黄金经济规模迅速扩大，但自然资源投入开始有不少黄金企业日见捉襟见肘。全面市场化使黄金企业发展在面对资源条件约束的同时也具有了更大的市场空间和发展领域选择。因而就有了不增加，或少增加，甚至减少地质资源投入，而把黄金经济总量做大，把黄金企业做强的机遇，于是黄金企业跳出单一的黄金矿业的发展思路，而把选择的目光投向了黄金文化产品生产，扩大黄金产业外延，走一条通过增加黄金文化财富的生产能力来扩大黄金经济总量之路。

对外是通过市场黄金消费文化塑造，激励和激发消费者黄金需求欲望，以人气带动需求，扩大黄金产业生产发展空间和盈利空间。

对内是创造新型企业，延长黄金产业链，增加黄金文化财富的生产能力，形成黄金物质财富和黄金文化财富两元支撑力，实现我国黄金财富总量的快速增长。

经过了等待、彷徨之后，在 2004 年前后终于有一些先行者开始了行动，形成了一个"文化掘金"的舆论高潮和工作推进高潮。但是，对于我国黄金产业来说这毕竟是一条新道路的选择，一种新实践，未来的未知因素很多，要成功还必须有更大的付出和更多的努力，走"文化掘金"之路，并非是弹奏浪漫的小夜曲那样的惬意和轻松。这不是一场时髦的派对，而是一次艰苦的探索。

因此，《中国黄金报》记者对此写下了这样的一段心得感想：

"根据《新科学家》杂志的消息，虽然长寿是件好事，但在面对风险，比如遇到捕食者或有毒植物时，那些跑得快的动物却更容易存活下来。对于这样的科学理论，那些总是怕变化，宁愿把过去的成功之道如法炮制，也不敢冒任何风险的企业家们似乎应该重新梳理一下思路。黄金行业刚刚从计划经济的沉睡中醒来，需要尽快与市场经济相对接，传统的产业链也势必会被新鲜事物所代替。"

八、重塑社会黄金文化氛围

提升黄金文化财富的价值是新"文化掘金运动"的重要工作目标，实现这一工作目标的关键是重塑社会黄金文化氛围。

从我国黄金业发展的全局看，近 20 多年是一个发展的快速时期，无论是黄金的生产量，还是市场的需求量都已走到了世界的前列。与此同时，我国黄金文化建设却严重滞后，形成一个有利于黄金行业发展的社会文化氛围尚是一个未完成的任务。当今我国黄金文化的消费理念大多来源于历史的传承，而缺乏对现代元素的吸引创新，现代的黄金文化理论几乎是一片空白，黄金文化产业极不发达，我国黄金物质生产缺乏文化体系的有力支撑。

建立在感性而不是理性基础上的黄金认知，极易使一些并不正确的黄金理念在社会上迅速泛滥，甚至有些还成为黄金管理体制改革的理论依据，被称为"最新的改革理念"受到追捧。有的金融权威人士公开宣称：当今，黄金已是与白菜、萝卜一样的一般商品；黄金 10 年后等价于铜，已无投资价值的舆论一时成为主流声音。这些不正确的黄金文化观念被消费者接受后，严重地动摇了消费者对黄金的忠诚度，消费者黄金忠诚度的降低是我们黄金文化的最大欠缺。

在这种情况下，十分明显的消极后果不仅表现为市场的萎缩，而且对黄金物质财富生产难以形成有力的国家政策支持和市场支持，因此当黄金物质财富生产达到一定高度以后，没有强有力的黄金文化财富支撑，进一步的提升就会动力不足。

攻心为上，不战而屈人之兵，这是战争的最高境界。从商品营销的角度看，文化财富在一定意义上讲就是对消费者进行攻心战的武器。消费者对精神财富追求取向的变化，可以使消费者对商品款式、花色、品种的选择产生变化，同时也可以使消费者的消费理念发生变化。对于前者的变化，可以通过生产者内部的努力，在产品的设计和做工上做出努力，可以重新赢得消费者，而后者的变化是更为致命的，即使在产品的款式等方面做多少努力都是枉然，而需要做社会文化的重塑。

20 世纪前半期的中国飘摇动荡，生活在这个时期的祖辈们对黄金产生了极强烈的价值信赖，并把这种信赖传递给他的家人和后代。如今时过境迁，我们生活在一个和平安定的环境中，他们的黄金故事早已成了昔日黄花。但我们却忽视了黄金文化的重新塑造，新一代消费者对黄金的忠诚度远远低于他们的父辈们。

因此我国黄金市场需求下跌，不是表现在一个特定的偶然时间点上，而表现在一个连续的时间段上，这说明了问题的严重性。

其实，这种情况不仅仅发生在祖国内地，港台地区也出现过类似的状况。香港和台湾地区黄金制造业的需求已连续 10 年低迷。对比 2003 年和此前 10 年的需求数据：台湾从 121.7 吨下降到 27 吨；香港从 74.9 吨下降到 11.3 吨，如图 6-4 所示。

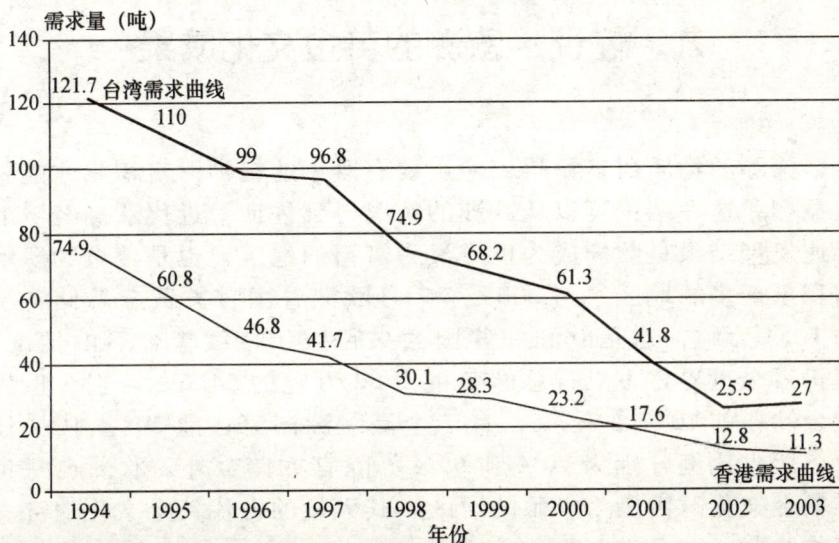

图 6-4

资料来源：《黄金年鉴 2004》。

建设中华民族现代黄金文化，这是"文化掘金运动"的一项现实而迫切的任务。"文化掘金运动"不仅是要为我国黄金物质财富的生产探寻出一条新的发展之路，而且还应为铸造中华黄金文化的辉煌作出贡献，使中华黄金文明得到总体提升。这将是一项事关子孙的工程，一个现实经济问题的解决，可能仅是解决了一时一地的发展，而铸造中华黄金文化工程体系解决的是一代甚至几代人的问题，可以留下的是一种历史的遗产，对经济可以发挥长期作用。

深厚的物质财富积累，一定要有厚重的精神财富积累才能相得益彰。黄金物质财富丰富的同时，精神财富的生产创造也必然需要加强。一个民族没有物质财富就失去了在世界民族之林中生存的基础，而缺少精神财富就失去了在世界民族之林站立起来的脊梁。"文化掘金运动"的目的是要实现黄金经济的发展扩张，而黄金文化工程的建设给"文化掘金运动"赋予了更新的内涵，因而也具有更深远的社会意义。

九、佐证：欧洲的黄金文化成果

深厚的物质财富积累，一定要有厚重的精神财富积累才能相得益彰，这一结论可以从欧洲的情况得到佐证。近代欧洲经济的迅速发展结果是欧洲成为世界最为富裕的地区，也是黄金物质财富积累最多的地区，到 2003 年 7 月欧洲各国官方黄金总储备量为 1.54 万吨，这是欧洲一些国家央行数年持续售金后的情况，但仍占全世界官方央行总储备量 2.82 万吨的 54.6%。当今世界黄金储备前 10 名的国家，有 7 个是欧洲国家；前 20 名中占 13 位，所占比例分别为 70% 和 65%。除官方储金外，欧洲也是世界黄金文化财富最为丰硕的地区，其大量的古代黄金文化遗存和文物收藏，至今难有与之争雄者。

欧洲是当今世界黄金物质财富积累最丰富的地区，同时在近代黄金经济思想宝库中更占有一个突出的位置：从 17 世纪开始，以黄金为绝对财富，为富国之本的重商主义兴起，成为许多欧洲君主那时的治国之策；18 世纪后期古典政治经济学代表人物亚当·斯密的《国富论》问世，虽对重商主义持批判反对态度，但其社会财富生产与交换的理论体系正是以黄金为标准等价物展开的。19 世纪后期，"金本位制"在欧洲建立，推而广之成为一种世界性货币制度，一直延续到 20 世纪 70 年代，至今影响犹存。19 世纪后期又有共产主义思想的奠基之作——《资本论》的诞生，在这部揭示资本主义运动本质的伟大著作，对世界货币的论述又设定在金银为货币的条件下进行的。20 世纪 30 年代，英国经济学家凯恩斯新古典政治经济学的出现，使经济学理论进入了一个新的历史阶段，凯恩斯是这样评价黄金的："黄金在我们制度中具有重要的作用。它作为最后的卫兵和紧急需要的储备金，还没有任何其他更好的东西可以取代它。"现在看来，凯恩斯的这个评价不失为经典，其闪烁着智者的光芒至今仍在昭示后人。

当然，欧洲黄金文化也曾在人类历史上留下了殖民掠夺这不光彩的一页，但这也恰恰从反面印证了欧洲人对黄金追求的执著与迷恋的程度。可以说，近代有价值的黄金经济思想和制度几乎都是诞生在欧洲，而大多数的时间里，很少能听到我们古代的中国声音。撰写西藏近代黄金史的法国学者布尔努瓦指出，在巴黎国立图书馆她检索出了有关黄金的著作667部，只有12部是有关亚洲的，仅占1.79%，中国的更是少之又少。在巴黎矿业图书馆图书目录中有关黄金的988部书籍中，只有12部是有关亚洲的。

古代的先人们曾给我们留下了"金、木、水、火、土"五行学说，用于解释宇宙结构的哲学思想，创造了以金为旁的汉字系列，这些文化成果影响至今，但到近代我们在对黄金的思考远远落在了先进民族的后面，成果少之又少，这正是近代中华民族逐步衰退落伍的必然。今天，站直了腰杆并走向富裕的中国，在追求增加黄金物质财富的同时，也要追求黄金文化财富的日益丰富，"文化掘金运动"的出现也正是这种客观要求的反应。

十、理性审视后的思考

（1）在市场经济体制中，一切商品生产的目的都是为了满足需求。市场需求低迷，不仅使生产者的市场发展空间缩小，而且会使生产者遭受巨大经济损失，因此拉动市场需求是生产发展的重要和持之以恒的课题。

（2）影响消费者需求有两大因素：一是经济购买力因素；二是购买意愿因素。在物质财富积累到一定程度之后，经济购买力因素不再是主要矛盾，而购买意愿则成为影响消费者购买行为日益重要的因素。当消费者购买意愿成为购买行为日益重要的因素时，商品生产者的发展观就应由单一的物质发展观向文化观转变。

（3）购买意愿是消费者精神需求范畴，消费者的消费动机具有了两重性。而精神的需求更多的只能是用文化的力量去满足、去拉动，因此文化可以给物质生产规模的扩大和发展以推动力和提升力。这是"文化掘金运动"存在合理性的理论依据。

（4）消费者购买意愿包括物质要素与精神要素两个方面，在消费者精神需求优先的情况下，我国目前兴起的"文化掘金运动"的直接工作目标：一是在物质商品的生产过程中，融入更多人类精神财富，使物质商品的价值增值最大化；二是推动社会分工，发展更多的黄金精神财富生产企业，增加黄金精神产品，使黄金文化财富实现最大化。

（5）要实现黄金物质财富与文化财富的最大化，必须推动我国黄金产品与产业的结构调整。"文化掘金运动"不应仅满足于概念的变化，而是必须用观念的突破带动实践的突破，取得真正的经济增量，否则"文化掘金运动"只能是一种理论上的可能性。

但文化拉动经济的过程是产业、产品创新和调整的综合过程。创新与调整对于商品生产者来说是机遇，也是挑战，一些商业失败案例的罪魁祸首恰恰是文化因素。做文化不只是"讲故事"，故事讲过了头就成了经济泡沫，泡沫太多也会淹没企业。

（6）取得黄金经济的增长是"文化掘金运动"战术层面上的工作目标，而战略目标应是塑造我国社会黄金文化氛围，构筑稳定的黄金消费理念，增加消费者的产品忠诚度，这是铸造消费者灵魂的工程。消费者的黄金忠诚是市场消费需求的永久保证，是黄金经济发展的长期动力。因此这是"文化掘金运动"的更高境界要求。

后记：我们把观察聚集于 2004 年前后黄金行业的新"文化掘金运动"，但之所以没有就事论事，而是首先以事说理，是想从我做起，为我国黄金经济理论的建设做一点实际工作，为中华黄金文化工程抛砖引玉。至于如何寻找黄金物质财富与精神财富的结合点，如何建立黄金财富体系，之后数年内"文化掘金运动"已取得了哪些进展和成果，作者将在第七部分中进行讨论。

第七部分

黄金文化商品化的实践探索

可以说我们中国是一个崇尚革命理论的国度，因为没有革命理论指导的实践是盲目的实践，革命导师们的教诲已浸润了几代人。但是，在伟大的改革开放的事业推进过程中，我们往往不得不"摸着石头过河"，只能以实证的方法解答我们所面对的现实问题，这表明我们在理论建设上存在缺失。

理论建设归根结底是一种文化的建设，所以，当我们聚焦于以提高黄金文化创造力为目的的"文化掘金运动"时，自然其本身的理论建设也就成了这个运动的重要组成部分，于是就有了理性审视部分，通过对"文化掘金运动"的理性审视，我们认识了这一运动的缘起及内在的必然性，并明确了新"文化掘金运动"的两大工作路径，即黄金文化的商品化和黄金文化的产业化。

黄金文化商品化是实现"文化掘金"的基础，而黄金文化产业化是"文化掘金"的更高阶段。黄金文化的商品化将使黄金产品更加丰富，从而使黄金产品获得新的增值空间；黄金文化产业化将进一步拉长我国黄金产业链，发展新形态的黄金企业，从而扩张产业规模，拓展新的发展机遇。

黄金文化的商品化和产业化不仅存在于产品领域，而且还存在于企业、行业、环境等不同的社会经济层面，并且具有不同的工作内容和目标。因而需要我们对不同经济层面上的"文化掘金"运动进行具体分析。

一、产品工作层面：追求文化赋存最大价值

黄金产品的文化赋存价值最大化，是黄金行业新"文化掘金运动"所要达到的一个基本目标，这是提高黄金文化财富总量的重要方法，如何才能实现这个目标呢？首先我们应认识黄金产品的差异性。

1. 不同黄金产品的异同

正如在第六部分中所指出的，黄金产品的市场功能更多的是

与人类文化精神需求相关,因而其文化要素赋存对其价值具有重要的影响。每一种黄金产品的价值都是其物质价值与文化价值的总和。但是,黄金产品众多,具体到每一种黄金产品,因功能不同,其物质要素与文化要素的构成是有所不同的。

市场中的黄金产品目前已是琳琅满目,品种数以百计,而不同的规格、款式可以数以万计,但对其归纳分类,可分为四大类,即黄金原料、黄金饰物(包括首饰、摆件、礼品等)、储藏财富和投资产品。这四类黄金产品涵盖了当今人类社会黄金需求的所有领域:

(1)黄金原料:以块、珠、丝、箔、粉状存在,用于工业品生产制造的黄金,目前占全球实金总需求量的10%左右。

(2)黄金饰物:以首饰、工艺品、装饰品形态存在的,用于美化人体和环境的黄金,是当今最主要的黄金产品,目前需求占黄金总需求的七成以上。

(3)储藏财富:以金条为主要存在形态,但也有制品形态,用于民众财富储藏的黄金。因人类财富的多样化,黄金储藏在总财富储藏中的比例已减少,约为每年黄金总需求的不足5%。

(4)投资产品:用于投资标的黄金,但黄金投资主使用的标的是合约,实金交割量只占总量投资交易量不足3‰,而占近年来每年实物黄金总需求量的15%左右。

这四类黄金产品的形态也有区别,或是标准金条,或是加工后的原材料,或是加工完成的产品。相同的是,不同类别的黄金产品的价值构成相同,都是物质要素和文化要素价值的总和,但是不同类别的黄金产品中的物质要素与文化要素的构成不同,如图7-1所示。

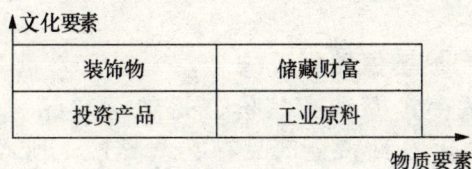

图7-1

以文化要素为纵坐标，物质要素为横坐标。处于左上角位置的是装饰物，表示这类黄金商品要求文化的要素构成比例在这四类黄金商品中最高，而物质要素构成比例较低；而处于右下方的工业原料的物质要素构成比例，则在这四类黄金商品中最高，文化要素比例较低；处于左下角的黄金投资产品，则对于文化要素与物质要素的构成要求是相对均衡的，所以在现实中可以使用实金标的，也可以使用黄金合约进行投资活动；相比较处于右上方的黄金储藏财富，对于物质要素和精神要素的构成比例要求在这四类黄金商品中都是最高的。因为无论是黄金文化财富，还是黄金物质财富都具有收藏价值。所以作为黄金财富储藏者，有黄金窖藏者，也有黄金文物及工艺品收藏者。后者的黄金价值可能会大大低于前者，但财富价值后者会大大高于前者，黄金文化财富不仅可以储藏，而且有更大的升值潜力。因而，对于财富储藏来说，人们不仅可追求黄金物质财富价值的最大化，而且也可追求黄金文化财富的最大化。

黄金产品的"文化掘金"就是增加黄金文化要素，提高产品价值，从而提高生产者的经济效益。但是，因为黄金产品之间存在差异性，其文化要素赋存有别，因而，不同的黄金产品"文化掘金"的原则虽相同即增厚产品文化赋存，提升黄金商品价值，但是具体的追求目标，与推进的方法及途径是有区别的。

目前已有一些企业开始了增加黄金文化赋存，提高黄金产品价值的努力，并取得了不少的成果，但是基本上是一种无差异性的努力，即以杜撰故事的方法，增加产品的情节性。在一些产品上这种方法可以取得一定效果，但在一些产品上的实际成效会很低。我们应该根据黄金产品间的差异性，采取有针对性的措施，使实际工作的推动更富有成效性。

2. 不同的产品增值路径

增厚文化赋存，提升产品价值是黄金产品"文化掘金"的基本途径，但由于各种黄金产品存在差异性，所以不同的黄金产品具体的路径选择上应有所不同。

（1）黄金饰品增值路径：与时俱进，注入时尚语言。

　　金饰品是当今市场上重要的黄金产品，全球黄金总需求的70%以上是用于制造各种金饰品，我国更高达80%以上，金饰品的主要功能是满足人类精神上对美的追求，或美化环境，或装饰人体，或彰显个性，或传递情感。是一种要求蕴涵文化要素丰富的金产品，其文化财富的价值可数倍、数十倍地超过其黄金物质财富的价值。因而增加金饰品的文化赋存量可以给金饰品带来巨大的升值空间，但黄金文化赋存缺乏，却一度是我国黄金首饰制品的"软肋"，成为发展的最大障碍，这与我国黄金饰品业特殊的发展条件相关：

　　2002年上海黄金交易所运行以前，我国黄金一直处于国家管制之中，民众不能自由买卖黄金，但是，1979年发行了熊猫金币，民众开始可以涉及金币买卖，但那时熊猫金币是以外销为主，所以对国内市场影响很小。使民众得以和黄金实现了零距离的是1982年，这一年国家恢复了金首饰的市场供应，成为当时国内市场上唯一的黄金产品。因而，那时购买黄金首饰是民众获得黄金物质财富的唯一手段。所以民众主要重视的是金首饰中的黄金物质要素，而不是其中的文化要素。最为典型的表现是我国首饰定价长期是以黄金物质重量计价，而与黄金首饰的加工工艺和款式设计等文化要素无关，因为文化要素得不到现实的价值体现，不能实现商品化，必然影响到黄金首饰生产者增加产品中文化赋存的积极性，不仅如此，于是又引出了另一方面的问题。

　　由于生产者、经营者缺乏打造产品文化赋存的积极性，也不会在营销中引导消费者转变消费观念，提升黄金首饰的产品档次，生产了众多低文化含量的黄金首饰产品，这些同质化产品长期成为市场的主流，迟迟得不到根本性改变。生产商又缺乏应对变化的准备，所以当消费者消费转向时尚化时，黄金首饰需求便出现持续下跌，市场萎缩。而此时铂金首饰、钻石首饰需求却一路走高，成为我国首饰消费群体中时尚一族的首选。

　　黄金首饰在很长一段时间里就是首饰的代名词，占有市场绝对优势，但是2002年《中国黄金报》和北京黄金经济发展研究中心联合举行的市场调查表明，虽然消费者已购买的首饰中黄金首饰所占比例最大，为53.9%，但未来仅有16.5%的受访者准备购买黄金首饰，居铂首饰 55.7%、钻饰 35.4% 和有色宝石首饰 22.3% 之后的第四位，表明越来越多的消费者开始疏远了文化赋存欠缺的黄金首饰。

20 世纪 90 年代中后期，因黄金首饰市场需求下降，生产能力大幅提高，竞争加剧，价格战愈演愈烈，使许多黄金首饰企业倒闭转产。如集中了我国珠宝首饰生产能力七成多的广东深圳市，当时已有近千家首饰加工企业，大多是以黄金首饰加工企业起家的，但到 21 世纪的初期最少时仅有五六家企业仍在坚持黄金首饰的生产。

与金首饰市场萎缩形成鲜明对照的是铂金首饰的快步成长，在 1995 年以前连铂金是何物，对于中国民众来说都是一个问题。因当时中国大陆实行黄金管制，进入黄金首饰制造业壁垒重重，而对铂金首饰没有任何政策障碍，因而当时首饰生产商推出铂金首饰只是作为进入大陆首饰市场的一种迂回战术。但为了让大陆民众接受铂金首饰，经销者对铂金首饰的文化定位有别于黄金首饰：以铂金的白色寓意为纯洁，以水诠释铂饰的内涵，并与坚硬的钻石相配，因而铂钻首饰十分吻合了人们对爱情纯洁坚贞的向往和追求，而很快成为结婚新人们的首选，进而成为首饰时尚潮流，而彰显金钱财富的黄金首饰却成了一个落伍的代名词。显然这是文化的力量使黄金首饰在市场竞争中成为了一个失败者。

现实使人反思，在为黄金首饰业再次振兴的努力过程中，开始逐步认识到了文化力量，并开始了以文化为切入点，增加产品的文化赋存，调整产品结构的努力。对这个调整的努力有决定性影响的工作案例是世界黄金协会主导下，2003 年意大利 K – gold 金首饰的引进。K – gold 首饰以不同的色彩搭配、不同的材质搭配和不同的表现手法搭配，把时尚演绎到如诗如画，使金首饰的传统面貌彻底改观。从而实现了中国首饰业以文化力提升金首饰的一次突破，这个突破的意义是在这个案例的启示下，我国黄金首饰产品的时尚性有了质的提高，出现了一次金首饰市场文化价值的整体提升。今天，我国黄金饰品的文化内涵价值量明显提高，不仅是金首饰，而且不同文化主题内涵的黄金礼品与摆件也已琳琅满目。这次突破不仅金饰品市场容量得到提升，也在相当大程度上使黄金饰品企业走出了价格战的泥潭。金首饰再次成为消费者的首选品种。

　　24K 足金首饰被视为传统金饰的典型代表，但把同样的原则用于足金首饰产品创新和调整，同样发生了化腐朽为神奇的结果。铂钻首饰成为结婚新人们婚饰首选之后，足金首饰能否再次成为婚饰的选择呢？在推广 K－gold 金饰之后，世界黄金协会又推出了喜福结婚金饰，对足金婚饰进行了新的市场定位：喜福结婚金饰所诠释的不是新人们的爱情，而是新人们的亲人对新人的关爱；表达的不是新人之间爱情誓言，而传达的是亲人们的祝福。从而对足金婚饰做了一次文化再造，使足金婚饰开拓出了另一片天地。对此作者曾有一篇专论：

《黄金理念的新诠释》
——从囍福结婚金饰说开去

　　"与时俱进"这个从政治发展领域兴起的词汇，很快就进入了经济领域，进而又进入了百姓生活之中，甚至还成为人们幽默一把时的口头禅。可以说，与时俱进已经给我们这个时代打上了深深的烙印，因为在这个时代只有与时俱进者兴，而墨守成规者亡。

　　对于黄金首饰业来说何尝不是如此：黄金是绝对财富，具有千年不朽的特质，因此历史上它一直是在帝王们的皇冠和权杖上诠释权势；在权贵们的珠光宝气中诠释富贵；在神庙圣殿里诠释神秘，而让普通民众仰望观止，因而也产生了更多的渴望。

　　曾长期在温饱线上挣扎苦斗的中国人，对于财富是那样渴望，因为有了财富就解决了温饱，才能保证生存之需，因此对黄金的追求是那样的热烈而又可望不可即，所以当 20 世纪 80 年代解决了温饱，有了一定经济能力之后对金饰品的需求洞开：每一个家庭都以买金饰为时尚；金饰成为结婚新人们的必备物品。于是金饰品成为当时人们争相抢购的"热货"，也是出国人员回国携带物品的首选。人们更把当时金店多于米店的现象视为中国进入小康社会的标志。

我国黄金首饰需求热潮的出现有其深刻的经济文化的动因，人们在温饱问题的压力下，为了满足基本需求，格外渴求富足与财富。表现在物质层面上，是渴求尽量多地占有财富；而在精神层面上的表现是对这种占有的满足炫示。黄金首饰恰恰迎合了人们的需求，在这两个方面都给予人们最大满足：一方面黄金是一种绝对财富，所以拥有了金首饰就是占有了财富；另一方面首饰又具有炫示功能，因此拥有了金首饰就可以获得一个炫示财富的渠道。这就是我国持续了近 20 年黄金首饰需求热的深层原因。但是到 20 世纪 90 年代后期人们的消费理念为之一变，铂金镶钻首饰成为时尚一族的首选。据《中国黄金报》和北京黄金经济发展研究中心联合进行的市场消费调查表明，未来准备购买黄金首饰的消费者仅有 16.5%，大大低于铂金首饰、钻石首饰和有色宝石首饰，而过去黄金首饰绝对是市场上的"大哥大"。因为被许多消费者疏远了，我国黄金首饰的需求近年来持续下跌，目前已较最高年份下降了 4 成多。究竟发生了什么样的事情使黄金市场形势发生了如此大的逆转呢？

20 世纪 80 年代我国解决了人民的温饱问题，到 90 年代进入小康社会，我国社会经济发展到了一个新的阶段。经济的发展使居民的家庭财富积累增加，物质匮乏对基本生存的威胁消失，因而财富饥渴症相对缓解，使人们的消费理念和目标追求发生了变化：由渴望获得财富变为追求生活品位；从宣示富有变为宣示文化情趣；从美慕富贵变为张扬个性。故而以权势、财富、富贵为文化符号的黄金首饰显然在这种变化面前有些不合时宜。黄金首饰要重新赢得消费者在新形势下的青睐，就必须与时俱进，进行市场黄金理念的新诠释。

近日世界黄金协会在我国推介的囍福结婚金饰对黄金理念新诠释方面迈出极有意义的一步，是一个值得关注的市场案例。

（一）市场切入点

一般理解结婚首饰的消费主角自然应是结婚的男女双方，当今男女双方在结婚之时绝大多数都要购买纪念婚饰，他们此时购买首饰主要是向他人、向社会宣示他们的爱情纯洁无瑕、清纯可爱和爱情长久、白头偕老。那么"钻石恒久远、一颗永流传"的钻石和白色铂金的结合是这种宣示的最佳演绎，因此铂金镶钻首饰成为 20 世纪 90 年代中期以后结婚新人的首选。如果是大量佩戴黄金首饰，一身珠光宝气，却会受到鄙视，被认为是十分浅薄俗气。当人们拥有越来越多的财富时，反而更加追求一种对物质淡薄的情趣。在这种消费取向下，黄金首饰被结婚新人们疏远是很自然的，但是囍福结婚金饰的市场切入点不是结婚的新人，而是新娘的父母。这种市场切入点的新选择起到了化腐朽为神奇的作用，这正是囍福结婚金饰市场策划的高明之处。

新娘父母在女儿出嫁时的心情多少与新人们有所不同，新人们更多的是沉浸在对未来幸福生活的憧憬之中，而父母更多的是不舍，还有丝丝牵挂。作为过来人，出于自身的生活经验，他们最希望的是儿女未来生活的安定平稳，并愿为此而作出自己的奉献。因为黄金具有珍贵和永恒的特性，所以通过黄金可以十分恰当地使新娘父母的这种心愿得到体现：送女儿一套囍福结婚金饰既表达了希望女儿未来生活富裕，也表达了希望女儿未来生活平安的良好祝愿。而且这种选择与传统价值理念十分符合，所以极易得到年长一辈人群的认同与共鸣。这样的市场切入点，还推动了结婚首饰的市场细分，如把结婚首饰的消费对象从新人扩展至与新人有关的人群。那么是否还可以设计推出伴娘（郎）首饰、送亲首饰、迎亲首饰、亲家首饰呢？不妨一试。市场的细化往往就会带来市场规模的扩大，从而带来新的商机。

（二）产品定位

囍福结婚金饰的产品定位是新娘父母给女儿的嫁妆，这与一般的首饰也是有所不同的。

我的家乡是华北平原上的一个小村落，一望无垠，难得见到山脉和石头。那里有一种习俗：在女儿出嫁时，陪送的嫁妆衣箱里要放一大块石头压箱，以示希望出嫁的女儿今后的日子过得殷实厚重之意。因此以囍福结婚金首饰做嫁妆，主要不是用于佩戴，更主要的是表示了父母为女儿今后生活过的殷实厚重"增砖添瓦"。因而囍福金饰产品具有大、重、厚的特征。这既是一种感情的寄托，也是对女儿未来生活安定、平安的实际支援行动。实际凡属嫁妆，不论是什么样的物品都有以上两层含义。所以以囍福结婚金饰做嫁妆，既传达了父母对女儿的牵挂和关爱，又为女儿增加了财富储备。这与新人们以宣示爱情的纯洁与忠贞为目的的选择原则是不同的。

将囍福结婚金饰定位于嫁妆，延伸了黄金首饰的文化内涵，对黄金理念做了新的诠释，从而使黄金财富的优势得以充分的发挥，却又回避了淡泊金钱、厌恶物欲的时尚对黄金首饰所产的一些负面影响。

（三）功能定位

首饰的功能主要是装饰，消费的目的是以首饰为载体来宣示自己的个性和文化情趣追求，其功能是外露的、张扬的。而囍福结婚金饰的功能定位是长辈感情的传承，推广的主题是"九九足金、祝福久久"，其功能是默默地表述源远流长的亲情。而且这种表述与其说是宣示，不如说是思念回味。因此一般结婚首饰的主要产品是婚戒，而囍福结婚首饰的主打产品是手镯。因为手镯最能寄托这种情感的传承：父母是用双手劳作，养育儿女的；女儿一出生就有父母双手的抚爱，女儿学步又是父母双手扶持；与父母牵手走过多少路和桥，守望过多少黄昏清晨？而今天女儿出嫁便意味从此放手让女儿自己去走人生路，又有多少眷顾和不安。送一只金手镯就是要把这种父女情、母女情铭刻下来，让女儿带着父母的无限深情走向新的历程，并永远相伴，永远相承。

囍福结婚金饰的功能定位表明，黄金首饰不只是物质炫示的标的，也是人类感情传递的载体。在人们厌恶盲目追逐物质享乐而日益重视亲情的今天，这种"感情代言人"功能发挥的越好越能赢得人心。

有女儿出嫁，给女儿一套囍福金饰确是一件很传统而又很酷的选择。给那珍贵而富贵的黄金赋予浓烈的亲情，并让它永远和女儿相伴，走向很远很远的地方，这是多么美好而回味无穷的事啊！

与时俱进，使古老的黄金包容时尚，我们还要为之努力！

（原载于《中国黄金报》2004 年 5 月 11 日）

新的市场定位，新的表现手法，新的构图语言，新的图形搭配都构成了黄金首饰的时尚要素，使我国黄金首饰发生了脱胎换骨的变化，市场形势随之改变，需求从 2003 年出现向上拐点，并出现了持续增长，2003～2007 年的 5 年间，我国金首饰需求增长分别为 0.7%、11.49%、7.72%、1.37% 和 23.50%，由199.6 吨上升到了 302.2 吨，增长 51.4%，2008 年初步统计的增长率为 8% 左右。从 2007 年需求量超过美国和土耳其，而跃居世界第二。

我国黄金首饰制造业是"文化掘金运动"的先行者，并已收获了新"文化掘金运动"的第一桶金，这无疑对黄金生产者是一种昭示，2004 年黄金行业新"文化掘金运动"的兴起渊源是从这里开始的。但是，黄金饰品业新"文化掘金运动"推进并没有到达顶峰，还应有一些战略层面上的思考，推进以下改革：

第一，推进消费者消费观念的变革。在消费观念上实现黄金产品文化属性的回归，树立黄金文化的市场价值观，这是实现黄金装饰物产品文化要素增值的前提性条件。

第二，推进市场制度改革，实现工料分开计价。只有产品的文化要素具有了市场价值，成为了商品，黄金装饰物产品的文化属性回归才能实现，通过文化要素的增加，实现产品增值才有了现实的可能性。

第三，培育名牌产品。产品名牌是产品文化要素的聚积，是产品文化要素的优化，对市场产品价值趋势具有引导和示范的作用。名牌产品的发育过程也正是产品文化与企业文化提升和发展的过程。

第四，造就产品设计大师。产品设计者是产品文化要素的制造者，设计大师是产品文化集大成者。有名设计师，才会真正出现名牌产品。

注重产品的款式开发，不断吸纳时尚元素和挖掘传统文化魅力是增厚黄金装饰品文化内涵，增加产品价值的基本的途径，但在此基础上还必须进行以上一系列的体制性改革，才能使产品"文化掘金"获得持久的支撑力，这也将是一个长期的努力过程。

（2）黄金原料增值路径：科技带动增加深加工值。

黄金作为工业生产所需的原料，要求文化要素的构成相对是最低的，但在这方面"文化掘金"仍有可为，路径是：增加科技投入，推进黄金深加工，从而实现原料产品的升级和品种的多样化，从初级产品供应商向半成品供应商转变。

在黄金管制下，黄金生产与加工被分割为两个独立而封闭的单元。黄金生产者不能根据加工业需求提供多样化的黄金原材料供应，而只能生产金锭，为加工业提供规格单一的初级产品。这就极大地限制了黄金生产者对产品增值的追求，束缚了黄金生产者的发展。而制品加工业因为又只能获得规格单一的初级原料产品，又不得自己投入人力和物力进行二次改制加工，但分散的资源配备难以取得规模效益而影响了黄金制品的更新换代。

黄金管制解除后，现在黄金原料供需双方，上下游企业的政策藩篱都已拆除，消除我国黄金原料产品供应链条缺陷的条件已经成熟，黄金工业原料的深加工不但必要，而且也具有了可能，从而为黄金生产者的产品增值提供了机遇。但其前提必须增加技术要素的投入，实现企业产业链延伸：

第一，粗金精炼：就是将社会回收金和含量不符合标准的粗金精炼成符合市场交易标准的金锭，虽可使企业获得不足1%的增值，但因黄金高价值，这不高的增值率也可以使黄金企业获得不错的效益总量。

21世纪以来，我国从国外引进最先进的黄金精炼技术和设备，新增黄金精炼能力过百吨，创造的产值也已过了百亿元，是黄金行业新"文化掘金运动"最见成效的项目。我国黄金企业已可为黄金加工企业和投资者提供不同标准、规格的金锭，并已开始出现金锭品牌产品；直接面对个人黄金投资者的多规格金条和纪念礼品金条，业已推上市场，成为黄金产品中的新族群，并成为黄金矿业的一个新的经济增长点。

第二，金锭加工：就是把黄金加工成不同含量、不同颜色的黄金原料。随着黄金产品的品种发展，对于金锭的需求，不仅规格日益增多，而且品种也日益增加：目前基本上只有24K金锭可以在市场交易，而18K、14K乃至更低成色的黄金原料都已有需求。另外市场对黄金的颜色要求，也不再是单一的黄色，而白色、玫瑰色等彩金也已有不少需求，但彩金原料现在并未形成专业化、规模化生产。这些新的黄金原料产品需求，按现在的市场消费水平，可给黄金原料供应商产生12亿～20亿元的增值空间。彩金种类如表7－1所示：

表7－1

种　　类	成　　分
玫瑰金（粉红色）	金＋铜＋银/锌
白色金	金＋钯（铂、银、锌）
蓝色金	金＋铁
紫色金	金＋铝

　　彩金并不需改变和增加物质总量，只是改变各种物质的比例成分，这种生产配方是人类的科技成果，其本质是增加产品的文化含量而增加了金的物质价值，也是一种"文化掘金"。

　　第三，黄金压延：随着黄金制品市场品种的丰富，不仅对黄金色彩的要求多元化，而且对黄金的状态要求也是多元化的，因而要求提供的黄金原料不仅是块状，还需要丝状、管状、柱状、箔状、珠状的黄金原材。黄金压延就是在标准金锭的基础上生产这些异形的黄金原料，由于经过了再加工，所以这些黄金原料的价值又能得到进一步提升。南京江宁已形成全球闻名的金箔加工基地；金丝加工也已有一定规模。在我国成为全球金首饰主要生产国的基础上，成为居全球前列的黄金原料加工基地应成为我们的又一选择。

　　第四，原料改制：就在黄金压延加工的基础上，生产半成品部件。随着我国黄金产品市场竞争的加剧，黄金产品更新创新速度加快，为了适应这一变化，在黄金产品生产企业进一步推进专业化分工的背景中，出现了工序前移的发展趋势：金产品生产企业将基础件生产外包，而更集中力量，着重于最终成品生产和对消费者的市场服务。于是市场产生了对黄金产品部件供应的需求。

在国外有大量的配件生产企业存在，而我国基本上都是成品生产企业，而极为缺乏配套协作厂商。因而黄金产品生产企业的结构调整已势在必行，而这种企业结构调整，为黄金生产企业产品链的延伸提供了机遇。

总结黄金原料深加工增值的路径，如图 7 - 2 所示。

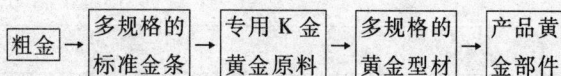

粗金 → 多规格的标准金条 → 专用 K 金黄金原料 → 多规格的黄金型材 → 产品黄金部件

图 7 - 2

（3）黄金投资品增值路径：智力推动，激发市场活力。

黄金市场是与证券市场、货币市场、保险市场并列的四大金融市场之一，所以黄金是一种重要的投资产品。但是，投资者使用的主要不是实物黄金，而是黄金合约（衍生物），这是因为投资者的目的是为了盈利，并不是真正为了获得黄金。对于以营利为目的的投资者来说，实金有保管之烦、运输之累、交易不便的种种弊端，而且增加交易成本，因而出现了不做实物交割的黄金合约标的，并且成为了以营利为目的的黄金投资者的首选。据黄金矿业服务有限公司（英）的统计，1995～2004 年，10 年间全世界可确认的实金投资总量为 3630 吨，而同期仅美国纽约商品交易所和日本东京商品交易所完成的黄金期货和期权合约交易量即达 51 万多吨，是这 10 年间实金投资交易量的 140 多倍。如果再将其他市场的交易因素考虑在内，黄金合约交易所占比例还会更大，实金标的交易占总交易量的比例仅有 3‰～5‰。

黄金合约从根本上讲，就是一种市场的交易制度的安排，而制度是人类智慧与知识的结晶，是人类社会的一种文化产品，而当今的黄金投资市场功能的不断发展，也是以黄金合约产品的发展为前提的。黄金市场制度的不断创新，使黄金投资市场功能不断完善，因而日益扩大了市场交易的参与者，从而扩大了市场的交易规模。因此当代黄金投资市场的发展，虽然需要资金投入的增长，但知识、技术、科学等文化元素的投入增长具有同样重要的意义和价值。

再从投资者的角度看，黄金投资需要必要的资本，但也需要运作资本的技巧。在资本相同的条件下，由于资本运作技巧的掌握熟练程度的不同，而最终的结果会有天壤之别，这是投资者文化修养与投资知识积累的差距表现。黄金投资市场的交易规模与资金（物质）总量有关，但更与资本的流动性有关。在资本规模相同，甚至减少的情况下，由于流动性增加也可以产生更多的交易量。相反即使资本规模增长，但流动性恶化总交易量也可能减少。市场流动性也就是交易的换手频率，是与投资者的自身素质和对市场的亲和力相关联的，其众多的因素源于文化范畴。所以从投资者的角度看，无论是使用实金标的，还是黄金合约标的，文化因素都是黄金投资市场发展的重要因素。

我国黄金市场化改革从 1993 年起步，但发育黄金投资市场是进入 21 世纪以后才逐步明确的。目前虽然发展的方向已经明确，但规范的完整的黄金投资市场体系尚未形成。我国黄金投资市场的发展当前所欠缺的不是资金，仅居民人民币存款就已超过了 20 万亿元，在存款利率不断下调的情况下，民众迫切需要寻找更好的投资领域。据《中国黄金报》和北京黄金经济发展研究中心 2003 年的一次调查，有黄金投资意愿的受访者为 46.6%；有 36.4% 的股民愿意和比较愿意从股市中抽出一部分资金进行黄金投资。因此推断分析可进入黄金投资市场的资金潜力可达 1 万亿~1.5 万亿元，这样的资金规模是可以创造出一个对世界黄金市场有影响力的市场，但现实与之存在着太大的差距，是什么原因呢？

第一，市场法规建设的滞后。而市场法规的建设，是属于文化范畴的工作。

第二，投资产品的推出滞后。目前相比较而言，实金投资产品的发展快于合约投资产品，而国际上实金标的的交易还不到总交易量的 3‰。黄金合约投资交易量是绝对的大头。正如前叙，黄金合约是一种制度性安排，只有增加文化要素的投入才能解决黄金合约投资产品不足的问题。

第三，投资者群尚未广泛形成。投资者的形成需要有资金做保证，但也需要投资者具有市场运作技巧和投资知识，这是保证投资成败的关键，而投资者投资知识与技巧的学习与培养，从根本上讲又是一个文化要素的投放问题。

归根结底，当前我国黄金投资市场的发展首当其冲是要增加黄金文化要素的投入，黄金投资产品"文化掘金"大有可为。

（4）黄金财富储藏增值路径：收藏文化、助推财富增值。

黄金具有高价值，而且千年不朽、宜保存，所以黄金作为人类财富储藏的历史十分悠久。据已出土的文物表明，在人类的奴隶制社会就已有黄金储藏，黄金是财富储藏最高追求的理念在人类社会中是根深蒂固的。黄金产品作为人类财富储备的目的或是为了财富的传承，或是为了规避社会动乱，或是为了应付紧急情况，因而储藏黄金一般都是以追求财富的保值为主要目的。

黄金财富的价值当然与黄金物质要素的多寡有关，黄金物质量越多，储藏的财富总量就越多，因此在古代金块是财富储藏的最主要的选择，对于当今传统的藏金者也同样是如此。但是我们必须看到，随着社会生产力的发展，物质日益丰富，人类的文化精神的需求日益增长，人类黄金财富储备的品种不再是单一的金块，而变得多样化。人类可以追求黄金物质财富的最大化，实现储藏财富的最大化；也可追求黄金文化财富的最大化，实现储备财富的最大化。并且文化财富往往会比物质财富有更大的增值空间，所以有越来越多的人选择有更多文化含量的黄金产品作为储藏财富，甚至已经出现了专门的文化产品的收藏家群体。我国市场上也出现了越来越多的黄金文化产品，如各种纪念金币、纪念金卡、金报、金册、金书、金工艺品等，这些产品不仅具有黄金物质的珍贵性，而且具有黄金文化的稀有性。这种稀有性不仅可以储藏，而且可以增值。当今拍卖会上不乏上千万元、上亿元的黄金制品和黄金文物，其文化要素升值几十倍、几百倍于物质要素的升值。正是由于黄金文化要素的注入，黄金储藏不仅实现了财富的安全性，而且也有了财富增值的更大空间。

金条（块）作为国家储备和大投资者的投资标的，一般都是使12.5公斤的大金条，而对于一般民众来说，经济实力不够，很难使用这样大规格的黄金投资标的，因而出现了千克、百克及数克重的小金条。金条由大变小需增加人工投入和技术的投入。故小金条可会产生一定的升水，一般在黄金价格的基础上，再增加一定的收费，但小金条的增值一般不高，这是因为与小金条比较大金条的文化要素并没有增加很多，而纪念金条在小金条的基础上把"黄金文化掘金"推上了一个新的水平。纪念金条升值潜力不仅来源于黄金，而且来源于本身的题材。

纪念金条是以特定的文化内涵由社会机构和企业特别发行的小金条，我国目前所发行的纪念金条，一般最大 1000 克，最小 10 克。我国的纪念金条作为商品是以文化为卖点，以黄金物质为基础，黄金文化商品化的特性表现十分鲜明。纪念金条的增值不仅来源于其黄金物质价值的增值，而且其包含的文化主题的稀有性也会同时升值：如纪念金条的系列性、题材的历史性、发行吉祥号码的稀有性、金条发行号码的连续性和一致性等文化要素，都可以给投资者带来投资升值的机遇。纪念金条的市场价格不仅高于标准金锭，而且高于小金条，甚至高于金首饰。一些纪念金条已拍卖出高于金价两三倍的成交价格，其附加升值的原因主要是其文化要素使然。

我国纪念金条以 1999 年中国金币总公司发行千禧纪念金条开始，当时被认为是在黄金管制条件下的一种擦边球行为。千禧金条界于金条与首饰之间，在价格上也是高于金条，而低于首饰价，因而更多的人是把它看做是一种过渡性产品，但是市场的反应多少出乎人们的预料，竟引起排队抢购现象。而后中国金币总公司又发行了生肖纪念金条，至今已连续发行了 9 年；2005 年初中国造币总公司发行了奥运纪念金条，连续 4 年到 2008 年共发行 5 块纪念金条；中国历史博物馆于 2005 年 9 月也开始发行了自己的生肖纪念金条；同时中国金币总公司还在西藏自治区成立 40 周年之际，发行了"西藏金"纪念金条。总之，在我国已经出现了一个与纪念金币并驾齐驱，甚至是超过了纪念金币的纪念金条投资群体，其用金量已超过了纪念金币。这可能和中华民族的"藏金"传统有关。

当前最多的民众财富储藏还是会选择实物金块（条），因为储藏金块最简单易行，虽然增值空间较小，但风险也小。而一旦准备选择黄金文化财富作为自己的储藏财富，这是一种更高级的财富储藏选择，要求收藏者要有更好的文化修养，首先你要对黄金文化的真谛要有深刻的理解，才能正确地选择储藏的黄金产品，而且需要形成广泛的黄金文化环境氛围，才能保持旺盛的市场人气。

二、企业工作层面：品牌文化铸核心竞争力

企业的发展离不开物质（资金、工具、原料、能源等），企业价值的大小与其生产能力相关，而企业生产能力往往取决于社会资源的占有量。一般而言，一个企业拥有和占有的物质数量越多，生产能力就越大其价值越高，所以企业为了做大做强，首先就是扩大物质的占有量，实现生产规模的扩大，从而提高企业的价值。但是当今已有许多企业发展的案例表明，文化要素也是企业发展的有力支撑点，对企业生产力具有重要的影响力。

企业价值增值的文化路径是：铸造企业品牌文化，形成企业核心竞争力。在市场经济体制中竞争力是企业发展的核心问题，而企业的核心竞争力不是企业对社会资源的占有，而是先进的企业文化。因为社会资源是流动的，占有是暂时的，而只有企业文化是竞争对手难以模仿，能够持久地发挥作用的要素。

1. 产品名牌不等于企业品牌

产品名牌就是企业品牌，许多人都是这样认识，所以认为创企业品牌最为重要的是用重金打广告，提高产品的社会知名度。名牌与品牌有关联性，但产品名牌绝不等于企业品牌。而且仅用广告的力量最终也不能真正创出一个企业名牌，孔府家酒、秦池白酒、爱多 VCD 都曾投入巨额广告费，以夺得中央电视台"标王"而名噪一时，但很快便是过眼云烟，在今天的市场上早已不见踪影。只是在人们论及失败案例时，才会想起他们曾经有过的昙花一现的辉煌。

产品名牌与企业品牌有着很大的差别：

产品名牌是一种产品的内在品质与外在知名度的聚积，而企业品牌核心是企业文化的优化与再造。

产品名牌着眼点是市场产品的占有率，企业品牌着眼点是企业市场核心竞争力的形成，而产品市场占有率仅是企业市场核心竞争力的一个表现性指标。

产品名牌是某一种或某一类产品的品质比较，而企业品牌是企业间发展能力的比拼，具有专有性。

品牌企业一定要有名牌产品，但名牌产品不等于品牌企业。北京王麻子剪刀是历史名牌产品，但生产王麻子剪刀的企业长期陷入困境而破产重组。做名牌是产品范畴的课题，做品牌是企业范畴的课题，因此虽然做名牌产品，有利于企业品牌的建立，但企业的发展不能停留于做产品名牌，一定要做企业品牌。

2. 品牌的价值从何而来

品牌是属于文化范畴的一种无形资产，是企业形成的特有文化，因为是长期形成的，是企业特有的，具有难以"克隆"、难以模仿的特性，而其物质的要素、技术的要素，甚至是人才都可以通过市场买到，而品牌有价却用钱买不到，因为品牌有其特殊性，因而建立在企业品牌基础上的竞争力具有持久性和独特性。

因为企业品牌对企业发展的独特贡献而成为当今企业的价值巨大的无形资产，成为企业价值的一部分，并融入到其产品之中，成为其产品价值的一部分，从而变为其市场上的"真金白银"。世界企业品牌价值最高的是可口可乐公司，2003年的市值达704.5亿美元；中国最高价值的企业品牌是海尔，价值612.3亿元人民币。

虽然企业品牌是属于文化范畴的一种无形资产，但它能够像物质要素一样为企业创造新的物质价值，给企业发展提供支撑力，并是企业价值的组成部分。品牌的转让、授权经营都要收取费用，并受到法律的保护；企业重组、收购，品牌都要作价，作为企业资产的一部分。因而企业品牌的建设是企业发展成长的重要途径，海尔是我国走品牌发展之路的一个典范。

海尔公司的发展经历了一个从做产品名牌到做企业品牌的历程。海尔在 20 世纪 80 年代曾是一个濒临破产的小企业，1984 ~ 1991 年通过创名牌电冰箱，不仅生存了下来，而且成为冰箱业的翘楚，但他们并没有止步，之后进入了对内实行以企业忠诚为中心的核心价值体系的企业品牌的创建时期。企业品牌建设使海尔迅速地形成了企业的核心竞争力，结果从 1991 ~ 1998 年，只用了 7 年的时间海尔便具有了进入所有家电领域的竞争力，其重要的家电产品生产线几乎接近完整，后又进入了手机、电脑业，开始进入了多元化经营的战略发展阶段。进入 21 世纪，又开始了国际化战略，走向海外发展，已经成为了国际性知名企业。

我国黄金企业在黄金管制的环境中，资源的配制长期是计划分配方式，缺乏竞争，因而也无建设企业品牌的需求。随着我国市场体制在我国经济生活中的推进，特别是进入 21 世纪之后，黄金市场化进程加快。市场机制开始成为黄金企业发展的主导力量之后，黄金行业的品牌意识得到了强化，一些企业也举起了创建企业品牌之旗，开始了实践的探索。但从实际操作层面看，黄金企业创建企业品牌工作大多是处于创建产品名牌阶段，并取得了一定的成果：经市场认证已有了若干全国交易的名牌金条产品；已有一批全国性黄金珠宝首饰名牌产品授牌。对于黄金行业来说已是一个很大的进步，但是企业持久进步必须建立在企业品牌基础之上。因为在科技日新月异的今天，产品更新换代速度之快，令人咋舌。即使是名牌产品生命周期也不是很长，生命周期一过，也一样淘汰出局。所以企业命系名牌产品，只能风光一时，不能事业长青，百年繁荣。一个追求持续发展的企业必须具有即使一个产品没落了退市了，但还有创造出新的全国乃至国际名牌产品的能力。

一些在产品名牌创建有所建树的先行者，已开始着眼于自己品牌扩张，于是在我国珠宝首饰业兴起了一股品牌连锁、加盟之风，但数年的实践表明，其难度很大，成功者寥寥，原因是产品连锁经营和品牌加盟，不只是供货网络的物流问题，而且更要涉及企业文化的冲突和企业制度的碰撞，往往并不是前者而是由于后者使连锁经营和品牌加盟失败，这样的事例很多，说明名牌产品对企业扩张支持力的局限性。

一个企业不能把生存发展的命运仅仅与某种产品联系在一起，技术的更新进步，需求的求新求变使产品的生命周期大大压缩，只有企业品牌形成的核心竞争力，能够超越产品生命周期，不断为企业生命注入活力。因而要从焕发职工潜能的统一价值观中去寻找发展支撑力，这正是企业品牌建设的核心，也是企业品牌的最大价值的所在！

3. 品牌：企业文化的优化

建设企业品牌，就是以人本论为基础，把企业发展的根本动力建立在职工潜能的最大发挥上，并围绕这一根本目标的实现进行全面的制度与组织创新。

企业品牌建设有两个基本的任务，一是形成从上至下的统一的价值观（目标），二是形成企业职工个人价值目标与企业目标相统一的成长机制。由于黄金企业品牌建设刚刚起步，虽然已有一些经验的积累，但现在还没有一个成熟的黄金企业样板供我们分析，故我们选择奇瑞汽车公司的发展案例做分析。

奇瑞汽车公司是一个民营企业，在我国汽车业中是一个后来者，而且受当时汽车发展政策限制，曾只能在边缘中寻找生存机遇，遇到的困难重重，但这个后来者却成了今天本土汽车品牌的代表。2005 年初《经济日报》对奇瑞汽车公司进行了连续报道，在社会上引起了广泛的反应。一般国际惯例是四五年时间开发出一款汽车，而奇瑞汽车在五年多的时间里推出了五款新车，2005年将推出三款；年销售量达到 5 万辆水平，达到这个水平我国合资汽车公司最长用了 11 年，而奇瑞，只用了 5 年；成立只有8 年的奇瑞，已走向国际，以技术输出方式在国外建厂，出口量占全国总出口量的 80%。奇瑞为什么能在重重困难的情况下，取得快速发展呢？记者在做了大量的调查后得出的结论是：奇瑞的发展动力是来自于企业共同的追求——"造中国人买得起的好车"。共同的目标使世界一流的汽车专家放弃了国外优越的生活条件，无怨无悔地来奇瑞效力；有人放弃了百万元年薪；有人在百万元年薪面前不为所动，为的是实现这个共同的目标。他们把"造中国人买得起的好车"这一企业文化精髓又进一步具体化为：真挚诚信、激情永驻；用户第一，品质至上；永远创业、追求卓越；马上行动、日清日高；以人为本，鼓励竞争；组织优化、团队互动；超越梦想、挑战极限等行为准则。并把这样的企业文化规范为一系列的企业管理制度，以保证这些行为准则成为每一个职工的日常行为。企业组织创新又使制度的强制性变为了职工的自觉选择，公司为职工提供了三条发展路径：一是从班组长到公司副总经理的管理序列；二是从助理工程师至首席工程师的技术序列；三是从技工到高级技师的工人序列。使奇瑞每一个人在竞争的环境中，在实现共同价值目标的过程中个人价值也可得到同步增长。在奇瑞进厂 4 年的工人，通过竞争可以成为技术员；后来者可以成为创业者的领导；二十多岁的年轻人可以成为主政一方的地区主任。

奇瑞的发展历程告诉我们，企业品牌的创建过程具体而言就是确立并围绕实现企业价值目标，以提高人力资源能力为核心而进行企业制度与企业组织创新，这是一个企业文化优化的过程。企业发展的永恒动力是人，而不是产品，这是一种"人本管理"。"人本管理"作为一种管理理论出现在 20 世纪 60 年代，并很快成为被推崇的当今管理新理念。但是从更长的历史视野中观察，即使"人本管理"的理论尚未成形创立之前，文化要素在经济生活中的作用也都在发生着，只不过是人们的认识没有今天这样清晰而主动。

在我国历史上曾风云一时的"徽商"、"晋商"，以及近代的"潮州帮"的兴衰虽有许多社会政治与经济的因素，但随时都可以看到文化的影子。"徽商"与"晋商"的衰落也正是"徽商"与"晋商"文化的衰落。文化因素对一个企业，一个企业家的成功与失败都发挥着重要的作用。

文化对企业发展的影响力还表现在知识经济的今天，人的能力越来越依靠知识的积累。过去人的体能往往是人的能力的决定性因素，而今天科学技术则是人类最主要的能力来源，因而人的能力越来越依靠文化力的提升。我们说能够给企业发展永恒动力的是人，不是泛指的人，而是指善于学习知识、不断提升能力的人。人的知识不是天生的，而是后天学习增长的。学习分有目的学习和无目的学习两种。企业为了挖掘职工潜能的学习是围绕企业价值目标实现的有目的的学习。因此为了激励和促进职工参与这种特定目的的学习，必须建立学习型企业组织。学习型企业是20世纪90年代后期兴起的企业发展模式，并很快在我国得到了传播，一些黄金企业进入21世纪以后也开始了创建学习型企业的探索。从目前已了解到的情况看，有一点是应注意的：建立学习型企业是要提升企业的学习功能，但不能为学习而学习，提高企业的竞争力和发展力才是建立学习型企业的出发点，也是最后的落脚点，在通过学习提高人的工作能力的同时也是推进企业价值目标和个人价值目标相统一的过程，只有这样才能真正形成推动企业发展的正向合力。在不断优化企业文化的进程中，不断接近并最终实现企业品牌目标的达成。

三、行业工作层面：文化产业拉长产业链条

从行业的层面看，新"文化掘金运动"面临的任务是：发展黄金文化产业，拉长黄金产业链条，实现黄金行业外延扩张。

我国长达半个世纪之久的黄金管制，不仅造成了黄金资源的条块分割，也限制了黄金行业外延的延伸，所以黄金行业的产业链很短，这一弊端不仅削弱了黄金文化财富的生产能力，也影响了黄金物质财富的增长。

我国黄金产业是由地质探采、冶炼提纯和市场流通三个工作板块组成的。在黄金管制的工作体制中，黄金行业主要是冶炼提纯工作板块和地质探采工作板块的一部分。21世纪随着黄金市场化改革的推进，才开始进入市场流通工作板块，进而可进一步延伸，构筑黄金文化产业工作板块。

黄金行业层面的"文化掘金"就是发展黄金文化产业板块，从而增加黄金行业的经济总量，这是黄金行业发展的一个新的市场空间。黄金文化产业是以黄金物质生产为基础，服务于物质生

产，但又有其独立性，具有独有的商业价值。黄金文化产业有多种不同形态的企业，生产不同品种的产品。我们将其归纳为五种类型，即黄金信息企业、黄金咨询企业、黄金会展企业、黄金旅游企业和黄金文化产品企业。我国黄金文化产业是随黄金市场化改革的推进，萌芽于 20 世纪 90 年代后期，进入 21 世纪之后发展步伐明显加快，但至今仍存在众多空白，是"文化掘金"发展黄金产业的一个重要方面，具体分析如下。

1. 黄金信息业

信息产品是一种文化产品，黄金行业对于黄金信息产品的需求随着黄金市场的开放和竞争的加剧而日益殷切。目前黄金行业对信息产品的需求集中在三个方面：

（1）价格信息产品。市场中的金价随时变动，为了捕捉市场机遇，必须准确把握价格走势和相关信息，因此目前已有多家价格信息产品供应商。

（2）市场信息产品。了解市场资源流向，把握产品需求趋势，是黄金企业生存发展的需要，因此市场动态、产品动态也为黄金企业关注，有了相关产品的市场需求。

（3）企业信息产品。知己知彼，百战不殆。黄金企业为了自身的生存发展，需要了解同行及对手的发展动态；同时为了扩大市场空间，企业也需推销而发布各种信息，使消费者认识自己。因此，企业信息产品也是目前市场上的一个重要的信息品种。

有需求就会有供给，这是市场的不变之规，虽然在长期黄金管制下对信息的忽视，使我国黄金信息产业发展滞后，但随着需求的增加，进入新世纪以后黄金信息生产企业发展明显加快：

（1）迅速地兴办起了一批黄金专业信息网站，为黄金企业和个人提供有偿与无偿的价格行情与市场动态信息。现在全国已有近 10 家面向社会服务的黄金信息网站，绝大多数是近三五年内刚刚建立的。

（2）传统和社会专业媒体得到了稳定发展，目前与黄金有关的专业报刊已超过 10 家，大多数是 10 年前创办的。在我国新闻报刊业尚未全面开放、进入的"门槛"还很高的情况下，仍有后来者不断地挤进来。这些专业报刊各自的市场定位有所不同，但从总的形势看同质化是存在的主要问题，今后随着市场的细分各种专业报刊将向特色化方向发展，一些市场定位模糊、缺少个性的报刊会逐步退出市场，最终只能有少数两三家成为具有全国性影响力的报刊，而占据市场的绝大部分的广告份额。

现在估计每年黄金、珠宝业的平面广告投放规模已达2000万～3000万元，这是黄金专业新闻媒体生存发展的经济基础。并预计行业的广告投放随着市场规模的扩大而会逐步增长。

（3）原来附属于行政领导机关的信息、研究机构转轨变型，走向市场，成为黄金信息产品的生产商。原来这些机构都是为领导服务的事业单位，吃"皇粮"做"官事"，机构改革后，这些单位失去了"靠山"，断了财路，开始到市场去寻找生存发展之路。因为这些单位在计划经济体制中是行业信息的占有者，拥有为数不少的专业人员，并广泛地建立了自己的人际脉络和相对的权威性，这些因素都是生产信息商品的有利条件，因此他们得以成为了当前市场中的第一批信息产品提供商。与专业信息网站的提供即时信息为主有所不同，专题分析、趋势预测是他们产品的特色。

信息对于黄金生产力的发展影响力日增，需求也会日增，我国黄金信息产业未来的发展空间还很大。但是目前黄金信息产品的质量还有待提高，品种也需丰富。在第一手信息的收集以及分析两个环节明显薄弱，各信息提供商的特点欠缺，许多网站都是停留在信息传抄、复制、跟风阶段。一些最基本的市场数据也都是"进口内销"，来自于国外信息机构，凸显了我国信息企业能力的不足。

黄金信息业是一个新兴的产业，现在的发展还是具有一定的探索性，有的企业仅有三五年的历史，而一些历史较长的企业都是从原来行政性机构转轨而来的，面对市场环境也需从头开始。今后对黄金信息的需求会呈两个方向发展：一是广度增加，对黄金信息的需求不仅是黄金专业人士和机构，还要逐步扩展到一般民众家庭。二是深度增加，专题性深度分析性信息需求也会增加，并且由此会促进黄金咨询业的兴起。

2. 黄金咨询业

如果说黄金信息业的产品具有更多的公益性，而咨询业的产品则具有更多的机密性，一般是某一个客户出于经济目的而所需的专有性信息。咨询业不仅是只收集和发布信息，同时也必须收集特定信息；咨询业不仅是只收集和发布信息，而且更重要的是对信息分析整理，发现在大量表象后面的规律性。对信息的二次开发是咨询业的工作重点。咨询业是一种高知识性的文化产业。

今后黄金行业对咨询业产品需求主要会集中在以下三个方面：

（1）黄金投资方案咨询；

（2）黄金项目开发可行性咨询；

（3）黄金市场及产品拓展活动策划咨询。

我国黄金咨询业的发展刚刚起步，"小荷才露尖尖角"，随着黄金经济活动的规模增大和日趋活跃，对咨询产品的需求必然增加，摆在黄金行业面前的首要任务是黄金咨询企业如何尽快发展壮大起来。

我国目前各黄金行业性协会及组织是开展咨询工作比较多的机构，但只是属于协会（组织）的从属性工作。从发展前景看，在协会基础上成立独立的咨询单位是需要的，而且这可能会是我国黄金咨询企业主要的发展模式，但社会专业的黄金咨询企业的建立也是需要的。从权威性和人才两个方面考虑，一个专业的、被社会广泛认可的黄金咨询企业的兴起需有一个相当长的过程，而行业协会利用原有的人际关系和行业认知度，则可以大大缩短这个发展的过程，当然也不是可以自然地完成这个过程，而需要进行大量的组织调整和人才准备工作，尤其是后者更是当前黄金咨询业发展的"拦路虎"。咨询业是一个文化高度密集的行业，要求从业人员必须要有丰富的学识和足够的信息占有量，同时还需要有丰富的实践阅历。即使在咨询业发达的国家，咨询专业人才也是稀缺的。然而没有人才，咨询就无从谈起，即使勉强为之，结果也是难遂人意。在这种情况下，对外开放联合国外机构共同开展黄金项目咨询，在项目实践中学习、提高是一个可行的选择，但是现在虽然黄金项目开发的国际性合作变得越来越多，但咨询业的合作还是空白，在这方面我们应有所推进。千里之行不能一步完成，黄金咨询业的成长也必须经历一个较长期的过程。

3. 黄金会展业

凡是黄金产业发达的地区或国家都存在着发达的黄金会展业：意大利是世界最悠久的黄金饰品生产国和出口国，其维琴察黄金展也是世界最著名的黄金会展，已有 50 余年的历史。每年意大利维琴察黄金展，都是世界黄金饰品生产与经营商的一次盛会。我国香港是远东主要的黄金及饰品的聚散地，因而也存着一个国际性的黄金珠宝展览会，每次都有数十个国家，上万家的客户光临香港展会。

会展业是产品展示销售的窗口，是行业物流、人流、信息流的汇集之处，对物质生产具有强大的推动作用，会展业的发展是社会生产力水平的标志。我国已是世界第一大黄金生产国和第二大需求国，也已经是世界主要的黄金珠宝生产国和出口国，黄金会展业的发展具有了客观的物质基础和现实的需要。

而且黄金会展业本身也可以创造服务产值，增加经济总量。如意大利维琴察每次黄金展仅摊位费收入就超过 1.5 亿美元，全年收入 4.5 亿美元以上，而且还可以带动当地的服务业、交通业、旅游业的发展，具有综合效益。会展业是一个投入少、污染小、收益高、见效快的产业，所以不仅是黄金业，所有行业都十分关注会展业的发展，以至于会展经济已成为当前一个常见的经济学术语，经常见诸于报刊媒体。我国一些城市和地区更是把会展经济当做当地经济发展的新增点，而倾注全力。我国黄金会展业的发展面临空前的机遇，但是这并不意味着每一个人都可以抓住机遇，也不意味着每一次机遇面前都是可获得成功的。

我国黄金业在产品统收统配的体制中，黄金矿业不需要，也不容许对产品进行面向民众的展示交流，而黄金首饰加工企业长期面对的是卖方市场，所以只有"卖场"的概念。黄金会展业是发端于 20 世纪 90 年代后期，而发展期是进入 21 世纪之后，最早的黄金展览会也不过 10 多年的历史。现在每年上海、北京、成都、广州、深圳等城市都有各种定期的黄金会展。

任何经济活动的形式虽有区别，但目的都是要获得经济效益，不仅是举办方，而是所有的参与者都要能各得其所，否则就不能持续，不能发展，黄金会展同样如此。据调查仅有 5.7% 的受访者表示愿选择到展会购买黄金产品，所以面向一般消费者的黄金会展难以形成足够的人流，这样的展会面临更多的困难。相对而言面向经营、批发商的展会在效益方面会有更大优势，但成功也需一定的条件做支持，最主要的条件是要有强大的物流和足够的信息流做基础。正如在意大利最主要的中高档黄金制品生产中心维琴察，才能诞生世界闻名的黄金展一样。在集中了全国 70% 以上的黄金珠宝生产能力的深圳黄金珠宝展也取得了最大成功。深圳国际珠宝展的会展面积已突破 5 万平方米，参展厂商已达 1000 家，展位近 3300 个，其中境外厂家占近三成。深圳国际珠宝展的规模几乎是我国其他黄金会展之和，但深圳国际珠宝展开始也只有 100 余家企业，400 多个展位，而只用了不到 10 年的时间即取得了挑战香港国际珠宝展，紧追维琴察黄金展的业绩。原因就是深圳有明显的地理优势：在这里有中国最大的黄金珠宝加工产业群，所有的珠宝首饰品种这里都可提供，最新的产品都可以在展会上出现，因而参与者众多，成交活跃，而巨大的人气又成为展会发展的最大卖点和推动力。深圳珠宝展直接产生的效益可超千万美元，间接效益可达亿美元以上，已经成为深圳市经济的一个亮点。

我国黄金会展业正处于一个发展提高期，除深圳之外的城市和地区也有机遇。深圳主要是面向批发商的一个黄金产品交易展会，还有许多功能尚待完善，还有许多空白需要填补。而各地区性的珠宝黄金首饰展会必须要根据自己的实际情况，进行正确的市场定位，走出自己的特色路线。而反之，一些城市黄金会展只是出于短期营利的目的，或是出于非市场因素的考虑组织起来的，结果展会只是一种噱头，很快就成为了食之乏味，丢之可惜的"鸡肋"，久而久之就办不下去了。

我国黄金会展业必定会向集约化发展，规模会进一步集中，但是哪一个会展都不可能"一花独放"。在市场不断细化的情况下，黄金会展的多样化是一个必然的趋势，以满足不同层次、不同需求的服务对象的要求，因而走特色路线是摆在我们面前的一个选择。

4. 黄金旅游业

在漫长的人类发展历史中，沉积了大量的黄金物质财富，也沉淀了大量的黄金文化财富。当今，这些黄金财富可以作为商品进行交换，以满足人们的物质需求；也可以观赏，成为旅游资源，以满足人们的精神需求。在我国以黄金财富和黄金文化遗存做旅游载体，发展黄金旅游业具有现实的可行性。兴办黄金旅游业是进入 21 世纪，在黄金行业兴起的一个新潮流，一些有条件的黄金企业纷纷开始了兴办旅游业的谋划，已经开始项目的立项建设，并已有阶段性成果。这是因为旅游资源可以重复使用，具有物质消耗少、效益长远的优点，对于以资源消耗为条件，并受资源桎梏之苦的黄金企业来说是一个非常实在的诱惑而充满了期待。

我国的黄金旅游可分为三种不同类型：

（1）黄金工业游。即依托已有的黄金开采、冶炼、加工设施，进行黄金生产过程的参观旅游活动，是一种知识性旅游。

（2）黄金文化游。即依托黄金的历史遗存和当今的文化演绎，了解黄金在历史、宗教、经济领域中的掌故，以及相关的餐饮、健身活动为内容，是一种以文化修养为目的的旅游。

（3）黄金趣味游。即以黄金为题材的模拟冒险、游戏、竞赛为内容，是以一种休闲健身为目的的黄金旅游活动。

而具体到某一个黄金旅游项目中，上述三种不同的黄金旅游类型或都兼而有之。

推进黄金旅游项目建设的先驱是北京京都黄金矿业公司。他们在 2000 年利用一个废矿洞，投资 800 万元，建成了一个"圆金梦"黄金旅游项目。这个项目大体是属于黄金趣味游项，曾红极一时，但很快便冷了下来，原因是缺乏环境的支持，只凭单一的项目难以吸引大量游客，本身的趣味性也不足。2003 年山东招远以 1.5 亿元标的，启动了黄金乐园项目，也是属于趣味游项目。

启动黄金工业游项目建设的是福建紫金黄金矿业公司。2004 年他们投资 2000 万元，开始进行紫金山工业生态旅游区的建设，2005 年通过了福建省重点工业旅游项目审批后，开始申报全国工业旅游项目。浙江遂昌金矿在此之后也通过了浙江省工业旅游项目的审批。这两个项目都紧密地结合和利用了所在地的自然环境的优势，与自然山水游相结合，可以在相当大程度上消除黄金工业游内涵相对单一的问题。

2005 年 5 月，山东黄金集团公司在济南启动了黄金博物馆的项目建设，以大量的矿石标本和黄金制品加工展示为主，这个项目可归入黄金文化游。他们还与山东莱州市签订了开发黄金海岸的协议。

我国的黄金旅游项目开发在经历了一个轰轰烈烈的上马时期之后，逐渐拉开了距离。浙江遂昌黄金矿山公园作为 4A 级景区已对外营业；山东招远经过调整，投资 1 亿多元的黄金博物馆旅游项目也已试运行；紫金山工业生态旅游区也具雏形。我国黄金工业旅游这新生儿终于在 21 世纪初出生了，但婴儿的成长需要扶持、需要爱护，即使是这些建设进度较快的项目，也不能说已经成功。

黄金旅游业具有广阔的发展前景，人们对之有很大的积极性，但是一定要认识到存在的风险。如果一个黄金旅游项目内涵单薄就很难给游客以持久的吸引力，最多只能风光一时，因而必须多方面强化项目内容，进行配套建设，所需要的资金会是巨大的。旅游业所需要的协调工作也是非常复杂的，对于只是熟悉内部专业管理的黄金矿山来说也是一个巨大的挑战。能否在我国出现一个像迪斯尼那样举世闻名的黄金旅游企业呢？我们还在期待中。

5. 黄金文化产业

因黄金文化的凝聚与升华而产生了许多文化产品，如黄金题材的书籍与出版物、戏剧、影视作品等。因而也诞生了专业生产和经营黄金文化产品的企业，如博物馆、出版公司、教育培训机构、文化公司等。

这些企业与黄金物质生产企业的生产方式和组织形态截然不同，物质黄金生产企业所需的资源是自然资源，而黄金文化企业所需的资源主要是存在人脑中的知识和信息。发展黄金文化企业虽然可以避开自然资源的制约，但相关知识与信息资源的欠缺正是黄金业通过黄金文化业进行"文化掘金"的最大障碍，黄金文化企业资源缺少的窘困同样存在，只不过是其资源的品种发生了变化，因而必须因地制宜、因势利导地发展黄金文化企业。

黄金行业的文化教育培训项目的推进，2005 年有两个重要成果：一是北京黄金经济发展研究中心和首都经济贸易大学联合举办的黄金工商硕士培训项目，这是中国第一个黄金专业高级人才培养项目，具有开创性；二是中国黄金协会开始举办的黄金投资分析师资格认证培训，黄金投资分析师第一次成为一种社会职业。

黄金文化产业正在不断发展，但在许多方面，黄金文化产品还存在空白点，在许多领域还是待开发的处女地，因而存在着巨大的发展空间。黄金文化产品主要是满足人们的精神需求，塑造人的灵魂，影响人们的观念，这是构建环境文化的要素，对黄金物质生产具有巨大而深远的影响力，因而黄金文化产品的生产力也是黄金生产力的一部分，并为黄金产业链的延伸提供了新途径。

通过"文化掘金"，可以使我国黄金产业的产业链条从黄金矿业和黄金产品加工业再向外延伸，从而使黄金产业的规模得以扩大，并产生了更多、更大的发展机遇，如图 7－3 所示。

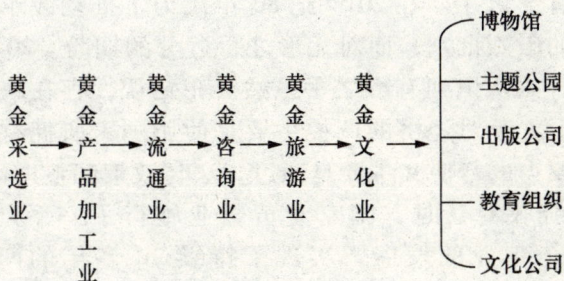

黄金采选业 → 黄金产品加工业 → 黄金流通业 → 黄金咨询业 → 黄金旅游业 → 黄金文化业 → 博物馆 / 主题公园 / 出版公司 / 教育组织 / 文化公司

图 7－3

四、社会工作层面：内外兼修树黄金文化观

推进黄金文化商品化和黄金文化产业化，还必须面临大量社会层面上的工作，因为环境条件是一个生命体生存发展的决定性要素。

小鸡孵化的环境温度是 39 摄氏度，如过低不能孵化，而过高也不能成活，环境条件对小鸡的生长有着至关重要的作用。黄金行业与企业的发展同样如此。这是因为企业发展所需的资源皆来源于和取自于社会环境，社会环境条件决定了企业能否顺利获得资源，并在很大程度上影响企业资源使用的成本和效率，因而黄金业的发展必须高度重视社会环境的优化。而社会环境优化的关键是文化优化，之所以关键，一是文化的优化是社会环境优化的重要组成部分；二是文化是促使社会环境中其他方面优化的主导性力量。

文化提升力可能是无形的，也可能是有形的，但一旦形成它便具有持久性，可在数十年内，甚至在数代人中发挥作用，因此它是更大范围，更高层次上的黄金文化力，挖掘社会环境文化力是新"文化掘金运动"的重要内容。

1. 政策优化："有形之手"发力

亚当·斯密把市场比喻为调控经济的无形之手，把政府比喻为调控经济的有形之手。在 20 世纪 80 年代为了推动改革，曾出现过对有形之手的激烈批判，而对无形之手过分的期盼。20 年的时间过去了，人们日益认识到有形之手虽然会犯错误，存在缺陷但不可或缺。这只有形之手对经济的调控主要是使用国家所拥有的行政干预权，而这种权力的行使又主要是通过立法与政策调整进行的。

在黄金统收专营时，国家对黄金业施行了一系列优惠政策，大力促进黄金工业的发展，实现了持续 20 多年的两位数增长。进入 21 世纪，为适应黄金市场化的需要，又开始了新政策体系的构建工作，实现了 2002 年黄金增值税政策的平移，从而保证

了上海黄金交易所顺利运行，实现了黄金交易方式的平稳过渡。而与之形成鲜明对照的是白银市场化改革，政策未能衔接，在政策环境变化面前准备不足是上海白银市场陷入困境的一个重要原因。一个有利于发展的政策环境不仅对于黄金行业，而是对所有行业都是重要的，我国对外开放的顺利发展也正是以政策环境的不断优化为前提的。

过去我们往往把政策的调整和制定视为只是国家行政机关的事，这是一种片面的认识。即使在国家行政干预最少的西方成熟的市场经济国家，企业也都十分关注国家法规政策的调整动向，而以积极行动影响变化的方向发展，为此西方国家出现了专门的公关公司，专门从事对社会、议会及议员的公关游说活动，这些活动是由相关企业提供资金的。近期发生在国际黄金业中的一个成功案例是，黄金生产商支持世界黄金协会对欧洲央行进行的游说公关活动。

以英国央行为代表的央行售金行为给世界黄金市场带来了许多不确定因素，使国际金价从 1997 年以后持续下跌，黄金发展受挫。为此世界黄金协会在不同的场合，以不同的方式开展了大量的游说工作，包括民众抗议、高层对话、南非矿工游行等方式，最终导致了 1999 年 10 月欧洲央行与 14 个欧洲国家央行联合发表了《华盛顿宣言》，规范了央行售金行为，明确了黄金在储备资产中的地位，从而消除了市场不确定因素，为之后金价的攀升奠定了基础。

目前，黄金行业的发展环境已全面市场化，故发展政策必须要与国际惯例进一步接轨，在这方面我们还有许多工作要做，如地质资源的补偿、矿权的流转、黄金及制品进出口管理、境外投资的进入等诸多方面的政策制定与完善等。另外，由于市场供求形势的变化，拉动消费已成为黄金业发展的主要矛盾，政策取向也应由控制消费转变为刺激消费，因此黄金珠宝首饰消费税的取消成为了近期黄金业的工作目标。这些政策都与每一个黄金企业的发展密切相关，因而积极努力促进有利的政策环境形成，是每一个黄金企业的责任与义务，这是求发展而不可丢弃的重要工作环节，有形之手需要我们主动地去把握。

2. 构筑现代黄金文化观

环境文化提升力的核心是人们的思想观念塑造，因为思想是指挥人们行为的中枢。在不同的地区、不同的民族、不同的历史时期，人们对黄金的认识存在着差异，黄金业的发展便具有十分不同的结果。

近代在欧洲，黄金财富论成为一种社会普遍性的思想观念，集中地体现在"重商主义"的理论中，认为国家富强之路就要拥有最多的金银。这也就是在 14 世纪欧洲一些小城邦国出现"金本位制"萌芽，19 世纪初成为一种国际性货币制度的思想基础。在这样的思想观念的指导下，欧洲列强开始了世界性的黄金掠夺，这就是欧洲人航海冒险，发现新大陆的根本目的。为了掠夺黄金，殖民者所制造的种种暴行已被钉在了人类文明史上的耻辱柱上，但是我们还要更深入地分析思想观念的差异而对民族经济发展产生的影响：在黄金财富观的指导下，黄金成为欧洲资本主义原始积累的重要组成部分，使欧洲进入了资本主义时代，社会生产力喷涌，成为世界上最为富裕的地区。再看那时拉美的一些民族，黄金是被视做与神灵相通的神秘物质，成为统治者庙宇中献给神灵的礼物。因而在欧洲黄金成为一种发展社会生产力的强大的物质力量，而同时代在拉美，黄金成为与虚幻世界相连的冥冥之物，在强大的外部力量的攻击面前竟无还手之力，致使国破家亡。不同的黄金观念，最后的结果竟会如此的不同！

我国和印度同属亚洲国家，同样具有悠久的历史文明，又都是当今的新兴发展中国家。但相对而言，我国的消费人口和总的经济发展水平还略高一些，而印度黄金市场需求高达 700 多吨，是我国的 2～3 倍。这个差距显然不是消费实力的差距，而是黄金文化观念差异造成的结果。印度人视黄金是最宝贵的财富，并以拥有更多的黄金为荣，嫁女黄金是新娘最重要的嫁妆，正是因为印度民众有比我们更高的黄金认知度和忠诚度，所以能产生比我们大的需求量，这种差异是源于思想观念上的差异。

我国曾有过披金戴银被视为资产阶级生活方式，被人人诛之，甚至有把金银制品视为"四旧"被弃之茅厕的时代。拨乱反正之后，人们的观念才冲破了愚昧的桎梏，黄金在人们的心目中得到了重新的认识，历史的黄金情结又被重新唤起。近 20 年来我国黄金需求得到极快发展，黄金投资也展示出良好的发展前景，黄金矿业投资成为矿业开发的热点。这种变化首先又是源于思想观念上的，但是我们还应看到，我国民众建立在朴素的历史传承基础上的黄金情结缺乏现代元素的支撑，有其局限性，因而极易被干扰而产生动摇，所以 20 世纪 90 年代后期黄金开始逐渐沦为传统守旧而与时尚对立的产品，使一些追求时尚的人群远离了黄金，最为明显的变化是结婚新人们的首选已由金首饰变为铂金首饰，黄金需求量从 1997 年持续下跌，到 2003 年才开始回升，但到 2008 年仍未达到历史最好水平。故构筑与时俱进的黄金观是"文化掘金运动"的重大课题和艰巨的任务。

在发展环境中，存在着使民众与黄金保持密切关系的文化要素，同时也存在着使民众与黄金疏离的文化要素，"文化掘金运动"的环境层面上的任务就是消除环境中的离心力，增加向心力，这种向心力主要表现在民众对黄金的忠诚度上，因而也就是塑造民众灵魂的文化工程。

企业的发展问题归根结底是企业内部运行机制与外部客观环境统一的问题。企业主动调整内部行为与环境要求相一致，与企业能动地影响环境与企业发展需求相吻合，是两个不同的工作侧面，前者着眼于内，后者着眼于外，只有内外兼修、内外并进才能获得最快的发展，但不论是内，还是外，文化要素都是重要的力量。对我国的黄金业来说，"文化掘金"是一篇刚刚破题的大文章，漫漫征途，有待我们做更大的努力！

第八部分

延长黄金产业链之经济学

岁月老人刚刚迈进新世纪的门槛，延长黄金产业链便成了黄金行业内备受关注的话题，并很快便超越了问题讨论的范畴，而成为黄金企业，甚至一个地区的发展战略而被付诸实践，并不时有经验与心得见诸报端，一时成为我国黄金行业发展的新亮点。

延长黄金产业链作为一个热点话题，它因何而生？而作为一种实践行动，它将向何处去？都需要我们从经济学的角度做出诠释，这不仅是基于好奇，而更重要的是基于对延长黄金产业链认识继续深化的需要。

什么是延长黄金产业链？

就是以黄金矿业为基础向相关产品生产和相关产业延伸，从而把黄金企业做大做强，实现黄金企业经济总量与经济效益的持续增长。

因而，延长黄金产业链是黄金企业的一种发展途径选择，这种选择具有深层的发展宿求渊源，因而要从历史的追溯谈起。

一、突破地质资源的"围城"

"发展才是硬道理！"

对于一个民族，一个国家来说发展是第一要务，因为落后就要被动挨打，有失去"球籍"的危险，19 世纪中叶至 20 世纪前半叶，我们中华民族就饱尝了落后的苦果。

对于一个行业，一个企业发展也是第一要务，因为停止发展即意味竞争力的消失，因此就可能退出市场而消亡。当今企业的消亡已司空见惯，行业的兴衰大剧天天上演。

因而，大到每一个民族、每一个国家，小到每一个行业、每一个企业，都必须把发展作为自己孜孜不倦的追求目标。但是，发展的机遇并不均等，并不是每一个民族，每一个国家，每一个企业都能获得发展。因为，发展需要条件，其中一个重要的条件是有足够的资源支撑发展的需要。缺少资源求发展是困难的，甚至无从谈起。所以每一个国家都把资源的获得视为头等大事，纵观历史，从古至今人类纷争与战事大部分都与资源相关。但是，在不同的时代、不同的国家、不同的行业对资源需求的重点有所不同，有各自的特点，因而表现出了差异性：

在人类农耕社会里，土地和人口是最重要的资源。那时，哪一个国家或民族占有更多的土地，拥有更多的劳动力人口，谁就可以扩大生产规模，创造更多财富，就可以屹立于世界之林的前列。

在人类进入工业化社会以后，随着商品生产的发展，产品日益丰富，生产关系日趋复杂，使发展所需的资源也日趋多样化：不仅是资源的种类繁多，而且因专业化分工的发展，使社会经济体系细分成了日益增加的不同的部门和行业，因为这些不同的生产部门的产品不同，各部门之间的生产力结构和企业结构存在着差异，于是所需的资源种类构成不同，故当今发展对资源的需求呈现出多样化、多层次的发展趋势，资源供给问题变得更为复杂和繁重。

以当前一些典型行业为例：对于房地产行业来说，资金是其发展需要的关键性资源，谁占有现金流多，筹资能力强，谁就能在房地产行业中拥有发展优势；对于高科技通讯行业来说，技术是最重要的发展资源，谁占有了未来通信技术的制高点，谁就有了发展的主动权；而对于家电行业来说，技术已相对成熟，存在的主要矛盾是市场空间资源，哪个企业占有了更大或更多市场终端资源，谁就有了更大的发展机遇。

对于黄金行业来说除技术、市场、资金等社会资源外，其独特的是地质资源的供给问题：

技术：黄金开采技术基本上是矿业的通用技术，而选冶技术从 19 世纪后期采用氰化物提金，到今天仍是主导性技术，已使用了近 120 年。虽然黄金矿业技术随着时代的进步而不断创新发展，但它基本上是属于较为稳定成熟的技术，是在通用技术基础上的延伸发展，没有更多前沿性和十分复杂的技术，因而相对而言，技术未成为黄金产业发展的主要障碍。

市场：在当今物质日益丰富，市场需求成为生产发展的前提下，没有产品市场需求空间，就没有生产企业的发展空间，许多企业正是因市场的丧失而丧失了生存发展的机遇。而由于黄金的超稳定性，千年不朽而使供给有天然增多的趋势，市场做空力量呈强势，需求相对不足已困扰发展。但黄金不仅可以作为消费的商品，还可以作为储藏的财富，因此黄金在消费不足时可以立即转化为储备，所以有史以来还未发生因销售无门，而使黄金矿业停产的事情发生。

资金：正是由于黄金矿业具有独特的市场资源条件和较成熟的技术资源条件，所以黄金矿业投资具有相对的稳定性和较低的风险，故可相对较易获得投资。20 世纪 90 年代世界矿业进入萧条期，但黄金矿业吸引力仍然不减。1998 年黄金矿业吸引的勘察资金占到整个固体矿产勘探投入资金的近 70%，进入新世纪所占比例有所降低，但仍比其他金属高得多，在一般年份都会占到全部矿业勘察资金的 50% 以上。我国黄金矿业从 1975 年以后，通过专项基金和专项贷款等渠道的建立，发展的资金约束力也是很低的。特别是黄金矿业直接融资渠道的开通，社会资金进入黄金矿业更为便捷。

世界金矿勘察投资占固体矿产总投资比例变化，如表 8 - 1 所示。

表 8 - 1

年份	1992	1993	1994	1995	1996	1997	1998	1999	2000	2001	2002
所占比例（%）	52	48.7	56.4	58.5	60.9	64.9	55.1	51.9	46.6	42.5	45.2

资料来源：《中国黄金报》。

地质资源对黄金企业的影响具有决定性，是对黄金矿业发展影响最大的资源因素，黄金生产企业整个生产流程是对黄金地质资源的开采和提纯，是黄金生产企业存在的前提，故黄金地质资源是黄金矿业发展的最基本的和最重要的资源。而黄金地质资源是地球亿万年地壳运动的结果，需一个漫长的变化过程，从短期看具有不可再生性，并且金元素在地球上本来就是稀少的，能够用于工业性开采的金矿更少。因而黄金地质资源的有限性，对黄金矿业发展的无限需求产生了最大的制约力。

地质资源约束是黄金生产企业发展的天然"围城"。我国到2007年已探明的黄金地质储量5500吨左右，仅能支撑目前生产规模的14年之需，而已掌握的可以立即使用的地质资源仅有1000余吨，仅能满足目前生产规模3年左右的需求。我国黄金矿业要发展就必须进一步增加黄金地质资源的供给量，但增加黄金地质资源供给的难度很大。一是黄金地质资源勘探的高风险，而需大量的资金投入；二是黄金地质资源赋存的稀有性，地球上的黄金地质资源原本就很少，这就限制了供给量的无限增长。

黄金地质资源供给的条件约束，不仅表现在供给增长困难上，而且还表现在对地质资源的依赖程度上。投资一般加工业，可采用大量通用技术和设备，所以一旦因资源变化而要转产其他产品时，所形成的生产力还能在很大程度上得以保存，仍能发挥作用。而黄金矿业的生产力都是围绕黄金地质资源加工而形成的，由各种专用设备和技术组成的，所以一旦黄金地质资源枯竭，所形成的生产能力只能全部报废，价值基本为零，投资也基本化为乌有，黄金地质资源对黄金矿业的发展具有"一票否决"的威力和不可替代性。

黄金地质资源决定黄金矿业的兴衰，古埃及、古希腊都是人类黄金生产的先驱，其黄金采矿业是其文明的重要部分，但因地质资源枯竭早已不见踪影。19世纪后半叶出现的传统产金大国南非、澳大利亚、美国、加拿大，经过100多年的采掘，地质资源耗损，储量减少，当今黄金产量已连续10年下降。相反，由于地质资源的发现而涌现出了若干黄金新兴国，如印度尼西亚、秘鲁及中国等，在世界黄金生产版图中占有了日益重要的地位。

我国是黄金新兴国之一，但在黄金矿业发展的过程中，地质资源一直是一个制约性的因素。1975年周恩来总理委托王震同志抓黄金生产，首先遇到的就是资源问题，"巧妇难为无米之炊"，为此特别组建了一支黄金地质勘探部队，此后又专门设立了"黄金地质勘察基金"。实行黄金地质储量承包制度等，都是为了解决这个发展的最大瓶颈问题。总的来说，不断地加强黄金地勘的投入，增加探明储量，在满足生产小幅度增长的同时地质储量也有一定增长，但并没有从根本上解决问题，地质资源约束将长期存在。因而，黄金生产企业发展必须要多途径地化解这个矛盾。总结概括为三条道路：

（1）动用多方面的力量，增加黄金地质勘探投入，发现新的资源储量，增加地质资源供给，这是多年来的惯例，也有所成效。但这只能在一定程度上行之有效，因为地质资源的赋存是一种客观存在，并不会因人为资金投入的增长而增长，只不过是把未知变为已知，总量并没有变化，而且从可持续发展的视角看，以单纯的资源投入增长获得经济增长并不是我们追求的最佳发展模式。

（2）通过技术进步，实现资源的节约使用，并通过产品的不断深加工，实现地质资源价值的升值。这是以地质资源利用价值的最大化为目标，即以较小的地质资源消耗，达到产出价值的最大增长，从而缓解地质资源供给的束缚影响程度，实现资源供给与企业发展的需求的平衡。

（3）彻底摆脱黄金地质资源的条件约束，向新的不需要黄金地质资源的产业转移，在一个新的资源供给条件下实现企业的发展，这也就是企业发展非金项目的模式选择。

延长黄金产业链是一种以第二条道路为主，兼顾第三条道路的选择。延长黄金产业链是摆脱地质资源条件约束的发展选择，这个选择起步并非今日，而且也并不是一帆风顺。早在15年前的1993年就已开始行动，进行非金项目开发，然而非金项目开发给我国黄金行业留下了惨痛的教训。

二、非金项目：黄金行业的痛

突破黄金地质资源条件约束求发展是面对现实矛盾的选择，具有天然的合理性。但是，我国黄金企业突破资源约束求发展的自觉性并不是天生具备的，而是随着我国经济体制改革的不断深化而逐渐焕发出来的。

　　我国黄金矿业是一个长期在国家垄断的计划体制中运行的行业，过去，由于所需的资源由国家供给，资源余缺由国家调剂，资源枯竭由国家负责安排闭坑事宜，企业没有必要为资源问题劳神费心，只是一心做好内部生产管理就行了。而且在当时的管理体制中，企业的经营范围是受到了严格限制，黄金企业即使认识到资源的威胁，也没有大步转移的权力。

　　1993 年 10 月，国务院下发文件，明确了我国黄金市场化改革取向；在资源供给上由企业无偿使用变为有偿使用；在价格机制上由固定价格变为与国际金价接轨的浮动价格；在建设资金上，取消黄金低息贷款优惠，将发展资金供给纳入建行和工行正常工商贷款管理。这些改革使企业进一步向自负盈亏、自主经营的商品生产者转变，因而一方面将企业发展的主动性焕发了出来，同时企业经营自主权的进一步落实，也使企业发展愿望变为实际行动或使现实发展愿望具有了可能性。

　　另外，还有两个外部因素推动了黄金企业的行动：

　　（1）1993 年黄金市场化改革使各级行业管理部门职能转变和机构改革的任务提上了日程，为此各级上级管理部门有了寻找新出路的积极性，黄金企业的行动受到了鼓励。

　　（2）国内金价与国际金价接轨，使每两黄金的价格由 1500 元激增至 3000 多元，黄金企业经济效益大增，有了搞非金项目的经济实力。正是在以上多种因素的作用下，1993 年出现了一次经营多元化高潮。

　　但是当时，黄金管理体制尚未改革，仍是黄金管制下的政策环境，因此突破黄金地质资源束缚的行为只能是在黄金行业之外去寻找出路。于是各地黄金企业纷纷兴办如宾馆、餐饮、汽车租赁等不需耗用黄金地质资源的各种非金项目，以图通过多元化经营减少企业发展对黄金地质资源的依赖度，在黄金矿业之外寻找发展的新领域。这一多元化经营的风潮持续仅有两年多的时间，但给人们留下的教训是极为深刻的：项目普遍效益不高，有的项目甚至严重亏损。

　　到 21 世纪初，仅 10 年时间，当时兴办的项目大多已"灰飞烟灭"。多元化的推进不仅没有给黄金生产企业带来新的发展动力，反而造成了资金的浪费，一些当时积极推动多元化的企业因此而背上了沉重的包袱。相反，那时按兵不动的企业却保存了一定的经济实力，使后来的日子能过得相对宽松一些。

惨痛的教训使不少人对多元化经营望而生畏，但到1998年多元化经营再次提上了黄金行业的工作日程。

黄金行业多元化经营再次提出的经济背景是，从1997年开始国际金价持续下跌，美元金价由1996年每盎司387.87美元下降到1998年的294.09美元，下降幅度高达24.2%，因此国内人民币金价也相应由每克95.47元下降到81.32元，下降幅度为14.8%。金价下跌的直接影响是黄金生产企业收入与利润的下降；间接的影响是金矿边际品位不得不提高，因此可供工业性开采的地质资源减少，地质资源条件约束强化，因此突破资源约束的要求又高涨起来，以面对以下多个方面的挑战：

（1）生存的挑战。黄金企业是一个自负盈亏、自主经营的商品生产者，企业的生死是竞争的结果，要由企业自己负责。黄金生产是一种资源型生产，资源总有枯竭之时，黄金企业必须为资源枯竭时的退却做好准备，这就要求企业必须走多元化发展之路。

（2）发展的挑战。黄金企业作为商品生产者，要把追求最大效益的目标转化为黄金企业的经营方略，必然要追求产品深加工的更大附加值，从而摆脱低附加值的单一初级产品生产，而走向产品的多元化。另外，为了追求效益的最大化，黄金企业经营者也必然会从全社会，甚至全世界的角度决策企业资源的配制，因而必然会突破原行业、原产品生产，进入有更高效益的新领域，从而实现跨行业发展，实现企业经营的多元化。

（3）竞争的挑战。金价持续下跌，黄金企业市场环境和政策环境日益趋紧，竞争加剧，为了提高竞争力，企业一方面要加强练内功、降成本，另一方面也迫使企业调整发展思路，寻求新的发展制高点，通过产品生产的转移，求得竞争优势。竞争优势包括两个方面：一方面是黄金生产领域的竞争力，另一方面是市场的适应力，这就是产品的多元化。

黄金行业开始正式把多元化项目的发展作为了一项行业统计

评定指标，并在山东蓬莱举行了全行业有史以来的第一次非金项目发展现场会，同时也向全行业推出了一批多元化经营的典型经验。而在此之前的 1997 年 8 月召开的黄金行业经营座谈会，就已明确多元化经营是黄金行业的发展战略。表明在这一阶段黄金行业对于突破资源约束的必要性的认识有了进一步的提升，而使多元化经营战略得到了更大的重视。

这一阶段实际工作的推进水平较 1993 年也有了较大进步，在经验积累的基础上，建成了一定数量的较为成功的非金产业项目，但存在问题仍不少，主要是还没有出现骨干大型项目，多数非金项目普遍盈利能力很低，一些一两个亿元的投资仅能盈利几百万元，但这仍是好项目；有一些项目从建成之日就亏损；一些企业也以兼并的方式，搞了一些非金企业，不少都是政府的"扶贫工程"，基本上对企业的发展没有什么贡献。

虽然现在没有全面统计，但估计从 1993 年以来黄金行业多种经营项目损失高达数亿元之巨，这成为非金产业和黄金行业的痛。

三、专业化与多元化

从 1993 年开始的"突围"努力，给"黄金人"留下了许多教训的苦涩，而一度使人对黄金行业的多元化经营望而生畏，谈虎色变，视为险途而退避三舍。因而不少人得出了否定经营多元化的结论，认为黄金采、选、冶才是自己的看家本领。搞黄金矿业项目虽也有失手之时，但几率比非金项目小得多。我国黄金行业一度陷入了是专业化，还是多元化的两难之中。

从经济学的角度看，这个两难选择不仅是我国黄金行业的课题，而且是全球性的普遍性课题，即使一些国际著名大企业也都纷纷在多元化面前败下阵来。

可口可乐公司是全球饮料大鳄，但是也曾收购过葡萄酒厂，为此搞过一个庞大的种植园，却发生了严重亏损；还办过鱼虾养殖，也是一败涂地；又购买过哥伦比亚电影公司，进入影视业，结果也是以失败告终。经过屡屡失败以后，据说早在 10 多年以前，可口可乐公司就严格规定：除饮料业以外，别的不能做，也不许做。世界通讯业巨头诺基亚，100 年前是芬兰的一个造纸和纸浆木材加工企业，20 多年前走上了多元化发展之路，1980 年其业务结构是：电子 4%、化学 2%、机械 3%、电器批发 6%、移动电话 10%、电信 10%、动力 2%、橡胶 4%、信息系统 21%、电缆 11%、消费类电器 27%，是名副其实的多元化经营。但是他们最后并没有沿着这条路走下去，而是又回归了专业化经营，显然他们也在多元化道路上遇到了困难。2000 年诺基亚的业务结构已是：移动电话 72%、电讯基础设施 25%、其他 3%。诺基亚正是收紧"拳头"，集中于手机业务，才成为了当今世界手机制造业的龙头老大，从一个芬兰公司成长为世界性知名公司。

在我们看到从多元化退出的案例的同时，也有许多成功的案例。我国的青岛海尔集团就是一个成功的范例：20 世纪 80 年代创业初期，海尔专心于专业化，只做冰箱一种产品；90 年代选择了多元化发展，产品从冰箱发展到空调、冰柜、洗衣机、彩电、热水器、整体厨房、手机等上千种产品。他们正是凭借多元化发展而形成的强大的企业实力在 90 年代末期进入国际知名企业行列成为我国企业发展的一面旗帜。

可能正是由于不同结果的实证案例同时存在，因而在经济学中有关专业化和多元化的争论也不绝于耳，为此而出版的大部头专著也不少。孰是孰非其实并不复杂，这只是基于一个浅显的道理，我们以一个人的知识结构作比喻就可以说明之：每一个人都希望不断学习，以获得尽量多的知识成为一个"全才"，但是面对浩瀚的学海，大多数人只能有所选择，集中于某一专业领域，力争成为一个"专才"。实际情况是确有一些人能学贯中西，纵横贯通成为"全才"型大师，但更多的是"专才"。专才是多数，大师是少数。但无论是专才，还是大师都是有用之才，两者本身没有对错之分。而至于能成为"全才"还是"专才"，受个人能力及环境条件的限制，大多数人没有能力成为大师，只能成为专才，但不能因此否定也有少数人能够成为大师。专业化与多元化同样如此，专业化和多元化本身没有对错之分，选择多元化或专业化都有失败者，也都有成功者，对与错的关键是自身条件是否具备：你只有做专业化经营的能力而要硬挺，想当然地搞多元化必然失败；你连专业化的能力都很弱，只能在竞争中逐渐死亡，退出市场，更不要幻想多元化能救你于水火。

所以为突破黄金地质资源的条件束缚而选择经营多元化，从方向上看并不算错，问题是还要根据自身的条件选择正确的多元化路径，化解和减少多元化的风险。

四、经历挫折后的思考

我国黄金行业突破地质资源条件束缚的努力，因非金项目的挫折而一度完全把发展的希望寄予增加投入实现地质资源供给增长上。这条道路确实使一些黄金企业获得了新的资源供给，但仍有许多企业还必须面对资源枯竭的威胁，多元化是其必须面对的选择。因而，提高多元化的成功率便成了一个人们追求的目标。提高多元化的成功率，首先需要对过去的教训进行反思，寻找出过去失败的原因。反思得出以下结论：

1. 缺乏关联性　隔行如隔山

我们是在黄金管制的环境中推进多元化经营实践的，而不能进行黄金关联性开发，新兴办的项目与原来的主业缺乏市场的、技术的、工艺的和物流的相关性。进入一个完全陌生的行业，缺乏充足的信息和专业人才，本身就充满风险，而因与主业缺乏内在关联性，而不能获得主业多方面的支撑，必然会产生更高的失败率。在很多时候，我们是眼睁睁地看着自己一手创建的项目走向死亡，而不能施以援手。

根据经济学一般原理，关联多元化经营分为三种类型：

（1）**市场关联多元化**：即以现有产品市场为中心的产品横

向与纵向拓展而实现多元化经营。

（2）工艺关联多元化：即这种多元化不一定与原有市场关联，但与现有的生产工艺装备、研发能力与服务功能相关联，向新的产业拓展，实现多元化经营。

（3）复合关联多元化：即这种多元化虽与现有的产品市场和工艺设备没有存在密切的相关性，但存在着企业间的密切业务联系而产生的多元化经营。如企业间因资金关联，而产生的投资多元化，因运输关联而产生的横向运输业延伸等。

总之，经济学中的关联多元化，不论是何种类型都是在与原企业、原领域关联基础上的发展延伸，绝不是盲目的天马行空般的自由驰骋式的发展。原因就是只有具有相关性，才可能获得原有资源的支撑力，从而提高新办企业的成功率。在一段时间里或是因为我们的认识水平，或是体制束缚的原因，我们推进经营多元化时对关联性的关注与强调是不够的。这是很多多元化经营项目失败的一个重要原因。基于对这一问题的逐步认识，在黄金管制解除后，黄金行业多元化目标很快就转向了延长黄金产业链，强调多种经营与黄金矿业的关联性，这是黄金行业推进多元化经营战略性的进步。

2. 无视风险性　难以抗击打

多元化经营是为了提高企业的效益，从而增强企业的生存发展能力，因此，必须树立效益观，没有利润和效益的项目不能上，这一点必须明确。但是同时还要看到在市场经济体制中，效益是与风险共存的，高收益往往伴随着高风险，所以只有那些具有较高控制风险能力的企业才能获得好的效益，使新兴办项目取得成功。

1993 年黄金行业多元化发展战略启动时，我国市场经济改革目标刚刚确立，当时还有很多计划管理体制的制度和观念的遗存。前者不仅限制了化解市场经营风险市场手段的使用和效能，而且使日益加快的新旧经济体制的转换产生了众多的不确定性和双轨并行的矛盾性，使市场经营风险更是有增无减。而后者使我们在许多经营理念上仍停留在计划经济模式之中，一切从头做起，一统到底，故必须承担全部经营风险并缺乏应对经营风险的机制。

我们面对着巨大的市场风险，但却缺乏对风险的深刻认识，那时对于非金项目的兴办往往只是评估其盈利性，而缺乏对风险的评估和化解风险手段的准备。项目虽是可行性报告通过后才实施的，但实际运行后才发现与原来的分析有很大偏差，面对出现的风险又无应对补救之策，项目最后只能是失败流产。这是我们许多非金项目不断重复的过程，控制和化解市场经营风险的能力薄弱是多元化发展受阻的又一重要原因。

实行多元化经营战略必须要增强企业抵御市场风险的能力，这种能力的增强需要企业内部与客观环境互动，也就是说，既需要企业自身的努力，也需要宏观环境的改革。

消除客观环境的不确定因素是减少经营风险的重要途径，现又经过了10多年的改革，我国经济市场化有了进一步的提高；现代企业制度初步建立、生产要素市场机制的进一步完善、市场经济法制环境的日臻完善，因经济体制转轨而出现的市场不确定因素已大大减少，现在我们可以在一个比过去更稳定的宏观经济环境中推进多元化战略。另外，我们自身也增强了化解市场风险的本领和手段。注重关联性多元化的一个重要目的就是降低多元化风险，即使效益诱人，但如不能控制项目的风险就不能盲目上马。

3. 忽视人才观　大把交学费

人是生产力最重要、最活跃的生产要素。多元化经营不仅是一个业务领域的拓展过程，同时也是一个人才再造的过程。过去我们更多地看到了前者，而忽略了后者。经过数十年的努力我们已有一支精通黄金采、选、冶的人才队伍，但是多元化战略对于人才的需求也多元化了。每进入一个新的领域就需要有一批这方面的专业人才，这恰恰是我们所缺乏的，往往只能是用原已有的人去改行顶岗。实践证明，这种办法需付出高昂的"学费"。只有少数人完成了角色转变和知识结构更新，大部分人是失败的，因而也拖累整个项目走向了失败。

1998 年，业界多元化经营再次启动时提出了高科技战略口号：向信息业、生命科学、现代服务业进军，还有人提出了规模发展战略。前者从世界经济发展趋势着眼，占领新的发展制高点是正确的；后者基于过去投资分散带来的弊端，提出集中力量办一两个大项目，要在市场中形成规模优势也是合理的。但是如过不了人才关，可能出现的损失是更大而不是减少，以上这些战略的调整同样不能保证多元化经营的成功。

黄金行业多元化经营特别需要，一是熟悉市场机理的专业人才，二是熟练驾驭市场的领导人才。二者缺一不可，甚至后者在当前更重要。因为如果领导人才不过关，即使有再多的专业人才也难发挥作用。现在，我们在对一些项目进行评价时，听到的更多是对项目经营人员的埋怨。问题反映在下面，但源头在上层。即使是有品质不好的人钻空子，但也反映了领导的控制和运筹能力问题和用人决断问题。我们不能设想每一个人都是雷锋，都是天生就无私奉献的无产阶级战士，所以必须要有一套适应市场经济的运行制度和组织结构，才能把不同层次的人纳入一个统一的目标体系中，形成一个有活力的经济实体，这样的工作是领导层的职责。

我们必须承认人才这个瓶颈环节不可能在一日之内解决，它将会长期存在。在这样的一个现实基础上，推动产品结构的调整，实现产品多元化，就更应采用关联多元化。关联多元化可能会相对缓解人才知识结构更新的压力和人才结构调整的矛盾。

五、延长黄金产业链：关联多元化

对于黄金行业 10 余年"突围"的反思，使"黄金人"明白了一个道理：问题不是多元化方向的选择，而是多元化路径的选择。正是因为路径选择失当，而造成了投资风险的增加和项目的不确定性，因而，关联性多元化的路径选择开始进入了人们关注的视野。在这样的背景下迎来了 21 世纪，随着我国黄金市场化改革进程的加快，黄金管制解除的日益临近，我国黄金行业开始把发展的目标选择转向了黄金矿业的纵向与横向的拓展，于是延长黄金产业链的理念应运而生，这是我国黄金行业多元化经营战略实施的新阶段。

我国黄金企业发展突破地质资源条件约束的努力启于1993年，先后经历了发展非金项目、推进多元化和延长黄金产业链三个阶段。这个历史阶段的演进，反映出黄金行业对突破"围城"实践在认识上的发展与进步。

1993年之后一度出现非金项目热，是在管理体制变革的时刻，人们对于前景不确定性的一种战术应对的选择，存在较多盲目性；1997年多元化发展战略的确立，是将突破资源约束提升到了发展的战略高度，是一次认识上的深化。而认识的深化必然会使实践的广度和深度都有了新的发展。这时多元化发展不再是应该不应该，而是要解决如何实现多元化；新世纪延长黄金产业链就是对如何多元化给予的一个回答：选择关联多元化战略。关联多元化具有可提高新办企业的成功率、减少投资风险、缓解人才压力的特点，除此以外，还有两个重要的选择理由：

1. 可持续发展的需要

纵观人类的黄金开采史，不要说是古代非洲、近代拉丁美洲的产金地因资源枯竭而盛况不再；近代拥有最好黄金地质资源的南非产量已减少了70%以上，近年世界黄金产量已连续下降，突破地质资源条件的约束已是当今全球黄金业发展的一个十分现实的任务，摆在了我们面前。更为重要的是，人类日益认识到必须改变过去那种无节制的耗用资源，采用对大自然掠夺式的经济增长方式，要实现经济的可持续发展，必须要保护环境、节约资源，与自然形成共存的生态模式。这就要求黄金矿业发展必须由追求以地质资源投入为条件的产量最大化目标，转变为以知识投入为条件的价值最大化目标，走资源节约化的发展道路。

因我国长期黄金管制，黄金只是作为国家储备，其功能远没有得到充分的发挥，黄金产品单一，因此黄金管制解除后，延长黄金产业链已成为可能。黄金产品的延伸有三个空间：

（1）黄金商品产品的延伸。如黄金首饰、黄金工业制品、黄金建筑材料、黄金医药、饮料产品等。

（2）黄金金融产品的延伸。如投资金条、金币、纸黄金、期货合约等。

（3）黄金文化产品的延伸。如黄金工业旅游、黄金主题公园、黄金博物馆、黄金出版物等。

以上各项在我国大部分仍是空白状态，通过产品的延伸可以数倍，乃至数十倍地使我国黄金行业市场空间得到扩展。黄金商品的延伸就是从黄金矿业延伸至产品加工业，获得了黄金的加工增值，是对黄金再加工，因而不需增加地质资源的供给；黄金金融产品的延伸是发挥黄金的货币功能，通过黄金的流转增加经济总量，是不消耗黄金资源的；黄金文化产品是以黄金为基本载体，满足人类精神需求的产品，可以重复使用和复制。因此延长黄金产业链可使黄金矿业在原有基础上放大，并且不以地质资源供给增长为前提。所以延长黄金产业链发展战略是在黄金地质资源条件约束存在的条件下，黄金矿业可持续发展的一种选择。

近年来黄金行业突破单一黄金矿业的概念，向横向与纵向扩展，提出了"大黄金"概念，也正是适应黄金产业链延伸而做的理念概括，这一概括也大大地扩展了我们发展的思维和视野。

2. 提升规模效益的需要

通过延长黄金产业链战略有利于形成产品上下游企业关联、生产企业与服务企业共存的产业集群。产业集群的形成又会带动资源市场与产品市场的发展，从而又加快人流、信息流、物流的流动量，形成资金、技术、人才的密集区。产业集群可以给企业带来一个企业效益更大、更多的规模效益。

（1）密集的专业化企业结构，有利于实现生产过程的低成本和流通过程的高效率，一低一高则意味着企业的良好盈利状态。

（2）完整的上下游产品链和完备的服务体系可形成强大的配套能力，从而可以极大地提高企业的研发能力，增强企业对市场变化的适应力。

（3）生产企业与服务企业，资源市场与产品市场的有机结合，可以形成最佳的物流和资金流程，从而最大限度地实现资源与资金的节约。

（4）企业集群产生的强大的综合实力，可产生巨大的品牌效应，成为吸引社会资金的"磁石"和招商的旗帜，从而可使企业获得更多、更大的发展机遇。

产业集群给企业经济效益的提升力，不仅仅表现为企业盈利，而更重要的是为企业发展开拓了更大的发展空间和更便利的发展条件。

从我国宏观经济发展看，产业集群已成为各地发展经济的重要模式：如北京中关村高新科技工业园，就是计算机产业集群，成为北京市重要的经济增长点；浙江义乌形成了小五金企业集群，成为世界小五金产品的主要供应地；上海昆山形成电子产业集群，使昆山成为大陆对台湾投资者最有吸引力的地区之一。这些典型对我们黄金业具有启示与引导作用，随着延长黄金产业链的推进，在一些地区黄金产业集群已有雏形，当然这将需要一个较长时期的发展过程，这一过程也正是我国黄金生产力结构升级的过程。

延长黄金产业链是黄金行业突破地质资源条件束缚求发展努力的一次认识深化，从而找到了一条发展新途径，因为这种关联性多元化可以大大降低发展的风险性，但这仅是存在于理论上的合理性，要取得实践层面上的成功，还需要具备一系列配套要素，并非人人都能成为成功者！

六、谁会成为明日之英雄

延长黄金产业链获得成功需要哪些要素？什么样的黄金企业能够成功呢？

1. 业务链设置合理

按照经济学原理要求，企业发展要合理设置自己的业务链。企业的业务链由核心业务、增长业务和种子业务三个层面的业务组成。

核心业务是企业第一层面的业务，这是维持企业今天生存的业务，是解决现实资金来源，保证企业目前繁荣的业务；增长业务是企业第二层面的业务，它是要解决企业明天钱从哪来，最终代替核心业务的业务；种子业务是为未来企业发展选择的业务，需要耕耘培育才可能成长结果的业务。

黄金企业可持续发展需要合理设置这三个层面的业务，并形成连续而完整的业务链。核心业务是企业今天生存的本钱，同时是增长业务成长和种子业务萌芽的基础和支撑。我们现在往往会在实施多元化经营时，十分热衷于新办的增长业务，而忽视，甚至荒废了核心业务，不仅使增长业务和种子业务成长失去了有力的支撑力和坚实的发展基础，而且损害了核心业务，这种鸡飞蛋打的结局在黄金行业多元化经营战实施的过程中并不罕见。同样也存在着另外一种倾向，即仅仅是把注意力集中于今天的核心业务，不能同时把明天的增长业务，后天的种子业务置于通盘的考虑之中，将它们纳入发展统一规划，并使之处于不同的操作状态。而是当原核心业务衰竭时才想到第二层、第三层业务，但已晚矣，企业已不具备进行新业务拓展的能力了！因此到这个时候才想到企业业务的转移，才要实现多元化经营，这时候推进多元化经营已心有余而力不足，失败是合理的结局，而成功才是侥幸的。我们黄金行业一些矿山资源已枯竭，才提出转产自救很少有成功者，就是实证。

我们得出的第一个结论是：把多种经营置于企业形成完整业务链的总体战略之中，业务链设置合理，并能实现三层业务平衡管理的企业，最有能力获得多种经营战略的成功，使黄金产业链延伸得以实现。

2. 企业制度创新能力强

延长黄金产业链可扩大企业的发展规模，但同时要求必须相应进行企业制度创新，建立与多元化相适应的业务管理系统。

新制度经济学是当代经济学的新成果，其代表人物科斯和诺斯于 1991 年、1993 年分别获得了当年诺贝尔经济学奖。这一经济学理论认为，市场制度创新使交易费用节约是市场发展的根本原因。企业也是一种资源的配置手段，企业管理费用往往会随规模的扩大而增加，增加到一定程度之后，企业配置方式的存在就失去了合理性，因此企业规模不可无限扩大。所以多元化经营随着企业产业链的延伸、规模扩大，必须不断进行企业制度创新，进行企业制度与组织结构的改革，加强总体控制力，减少管理成本，可以说企业多元化经营成功的背后都是一系列制度与组织创新的结果。

GE 是全球著名的多元化公司，20 世纪 30 年代是以集中控制著名，而到 50 年代变成典型的分权公司，在 60 年代共有 175 个事业部，每个事业部都有一个利润中心。这些事业部由 45 个部管辖，45 个部又由 10 个大组组成最高管理层，向公司高管办公室报告工作。

这个曾大大促进了公司发展的高度分权管理体制，随着公司规模的进一步扩大而遇到了越来越大的困难，而使整体资源配置变得效率很低。20 世纪 70 年代，GE 选择了"战略业务单元的战略规划"之路：将有相同竞争对象的一致业务的所有业务职能归为一个战略业务单元，由战略业务单元总经理负责该单元的战略制定和计划管理，原组织机构执行战略，从而加强了公司的发展战略控制，以适应国际竞争的需要。

可见该公司多元化的过程也正是不断进行企业组织体系与管理制度改革的过程，而我们黄金行业推进多元化经营，最关注的目标是选择项目、筹集资金，而很少相应设计组织管理制度。而管理制度建设的滞后造成的管理失控，或控制过度往往是我们延伸产业链、兴办新项目失败的重要原因。

我们得出的第二个结论是：具有较强企业制度创新能力，可以随着产业链延伸而相应做出正确的组织与制度安排，形成科学的业务管理系统的企业，最有能力获得多种经营战略的成功。

3. 拥有核心竞争力

在市场中一切商业上的成功都是通过竞争获得的，因此大家对广而论之的企业竞争力的增长都会给予关注，但对企业竞争力统而论之，又会使竞争力变成一种空泛的词汇。所以竞争力可以被赋予广泛的内涵，但核心竞争力才是关键成功因素，然而什么是核心竞争力，它又从何而来呢？

早期的竞争优势大部分是来源于效率方面，是通过使用外部资源的效率获得竞争优势，而近十多年来，企业的竞争优势主要通过价值创造，是通过企业战略选择与改善内部组织力获得竞争优势。企业间的竞争差别从资源的使用能力转为企业内在核心竞争能力。这种核心竞争力主要表现为企业可为顾客和雇员创造价值的能力，只有很强为顾客和雇员创造价值的能力的企业才能吸引他们，并赢得他们的忠诚，而这种忠诚是企业成功的保证，所以越来越多的企业从对物的关注，转向了对人的关注。资金可以筹集，技术可以转让，都不是企业的核心竞争力，企业最大的利润来源是对消费者需求的把握。如数字手机技术并不逊色的"以产品为中心"的摩托罗拉，在竞争中比"以人为本"的诺基亚只能甘拜下风，摩托罗拉在全球手机市场上所占的份额大大落后于诺基亚。

"以人为本"在诺基亚的战略含义是：以人（研发）为本的技术创新系统和以人（消费者）为本的市场竞争思维。

我国黄金行业尚未出现自己的"诺基亚"，说明了我们的差距，但在黄金企业之间的比较，仍有一些可以称之为优秀者，以人为本的企业文化正在形成：以生产为中心的经营战略开始一步步转向了以人为中心的经营战略；以物的管理为中心的管理体系一步步转向了以人为中心的管理体系，这些黄金企业已成为行业发展的领头羊。以人为本的核心竞争力不仅使这些企业在黄金矿业开发上走在了前列，而且也成为了延长黄金产业链的先锋。

我们因此得出的第三个结论是：具有以人为本的核心竞争力

的企业，是当今市场竞争的强者，因此最有能力获得延长产业链、推进多元化经营战略的成功。

七、延长黄金产业链的现实模式

多元化企业战略是企业发展模式的选择，当一个产业难以满足企业发展的需求，而需要积极向新产业拓展，这是必然性；因而使企业从单一产品向多元产品发展，产生的结果是企业规模的扩大和产品市场占有率的提高，因此说到底这种多元化经营战略也是企业本身能力极限的挑战，要求企业的发展规模要与自身的能力相匹配。企业自身有无能力推进产业链的延长，是延长产业链取得成功的基本条件，这是可能性。从企业自身条件看，只有那些有清晰的产品发展战略，将多元化置于企业可持续发展的总体目标之中，并有较强的核心竞争力的企业才有更大成功的可能性。除此以外，一个正确的推进模式选择也是十分重要的。

黄金企业推进延长黄金产业链的发展战略到现在已有数年的实践，一些企业已取得了实质性的进展。在推进的过程中，每个企业因具体情况不同，所采取的具体推进模式有所不同，我们归纳总结为四种现实推进模式。

1. 产品延伸模式

即通过黄金的深加工，形成纵深延伸的黄金产业链，增加黄金产品的附加值，从而把黄金企业做大、做强。延伸模式如图8－1所示：

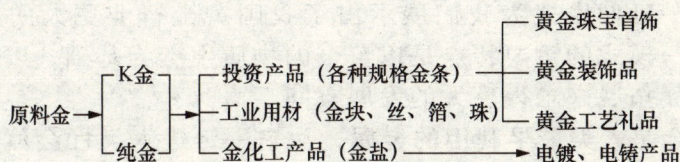

```
                        ┌──── K金 ──── 投资产品（各种规格金条）────── 黄金珠宝首饰
原料金 ──────┤                    工业用材（金块、丝、箔、珠）──── 黄金装饰品
                        └──── 纯金 ──── 金化工产品（金盐）──────────► 黄金工艺礼品
                                                                       电镀、电铸产品
```

图 8－1

在黄金统收专营的管理体制中，我们被严重地捆住了手脚，只能做一个初级产品的生产者。目前我国放开了黄金管制，也就放开了我们的手脚，使我们有了产品深加工，提升黄金价值的权力，因此许多地方开始推进黄金深加工，由单一产品向多产品发展，这种产品纵深延伸是延伸黄金产业链的一种最基本的形态，我国黄金行业可以通过产品的延伸获得发展空间，但延伸规模受到黄金产品市场规模的制约，发展空间是以黄金产品市场需求规模为前提。因而仅有清晰的延伸逻辑思想还是不够的，还必须进行多方面黄金产品市场的拓展，国际著名的黄金矿业公司共同资助成立世界黄金协会，在全球推动拓展黄金产品销售市场的原因也在这里。我国长达半个世纪的黄金管制，限制和阻碍了黄金产品的应用，因而现实潜力很大，同时面临的拓展市场的任务也格外繁重。能否在市场拓展上取得大的进步，决定了这一延伸模式的最终成效。

2. 产业延伸模式

即以黄金采选业为基础，上向地勘业延伸，下向加工业、流通业、会展业、旅游业及文化产业延伸，形成大黄金产业链。从物质、金融、文化等多个层面上挖掘黄金效益，是一个物质产品与精神产品生产并进共生的发展模式。具体黄金产业链如图8-2所示：

图8-2

这一延伸模式为我们展示出了我国黄金行业更大的发展前景，这一模式的重要特点是以黄金的物质生产为基础，以黄金的文化内涵拓展来求得更大的发展空间。

黄金是人类最早利用的金属，从它一走进人类社会就与人类的精神生活结下了不解之缘，5000多年来黄金积蓄了深厚的文化底蕴。从文字学看，在拉丁文中，黄金的意思是"闪光的黄昏"；

在古埃及象形文字中的意思是"可触摸的太阳";在中国象形文字中,金字像是张开的河蚌。在我国全面建设小康社会的今天,人们对精神产品的需求非常旺盛,黄金文化产业具有很好的市场发展前景。由于近代我国黄金长期短缺,因而对于黄金的物质生产过程十分重视,而对于黄金文化产品的开发和黄金文化价值的挖掘是十分滞后的,所以黄金文化产业在很多方面还是空白,应纳入我们的视野,成为我们做大黄金产业的一个探索领域。

3. 工艺延伸模式

即凭借黄金矿业形成的采掘技术及开采能力的优势,本着工艺、工装相近或相似的原则,向其他的矿种开采延伸,使专业化的黄金矿业公司向综合性矿产公司拓展,从而拓展企业的发展空间,这一延伸模式对于那些黄金地质资源前景不明,或有问题的企业有更为重要的参考价值。这一延伸模式如图8-3所示:

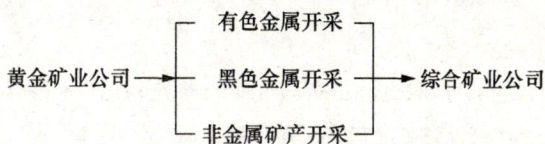

黄金矿业公司 → 有色金属开采 / 黑色金属开采 / 非金属矿产开采 → 综合矿业公司

图8-3

这一延伸模式的成功以矿权流转为条件,需有较为完备的规范的资源市场。因我国资源市场已有了较大的发展,资源的流动性增加,因而一些黄金企业已沿这一模式有所前进。

4. 资本延伸模式

即发挥黄金矿业较好的市场前景和盈利能力,以现有的黄金矿业资本为运作的平台,通过资本运作向更有发展前景的产业延伸,如图8-4所示。

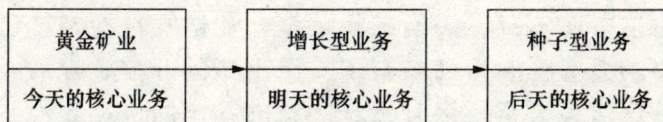

黄金矿业	增长型业务	种子型业务
今天的核心业务	明天的核心业务	后天的核心业务

图8-4

10 年后的今天，这种资本的延伸不再是 1993 年那样"饥不择食"般地盲目投资，也不再是一切从头做起，而是更多地采取参股与控股的方式进行新项目开发，并且尽可能地实现经营权与所有权的分离。不仅使风险降低，而且还可以小博大，吸引更多的社会资金。如目前各地已有多处黄金工业园并初具规模，大多都是以参股的形式吸引大量社会资金建设的。这个过程也就是实现企业今天的发展，明天的发展，后天的发展平衡的过程，是追求企业可持续发展的过程。资本延伸模式使企业从物质生产过程提升到了资本运作过程，开拓了企业发展的巨大空间，但是这一提升对企业的核心竞争力，特别是企业领导的自身素质提出了更高的要求。

八、并非是结论的结束语

当我们用经济学对延长黄金生产链进行了一番审视之后，我们有了这样一个并非结论的结束语：

延长黄金产业链是一种关联性多元化选择，是我国黄金行业经过多年探索找到的一条新的发展路径。这种选择具有合理性，但它既不是解决黄金企业发展问题的"灵丹妙药"，更不是为困难矿山救难的"慈悲菩萨"。我们应努力向前推动，但不应有不切实际的幻想。在这条道路上会有成功者，也会有失败者，但无论是成功者，还是失败者都为黄金工业的可持续发展作出了自己的贡献，我们应善于在失败中找到希望，而不是因一时的挫折而否定一切，失去方向。

进入 21 世纪后的短短数年里，山东、河南、广东黄金行业的非黄金矿产产值已大大超过了黄金矿产产值，其中延长黄金产业链作出了重要贡献，表明延长黄金产业链在这些地区已成了发展的重要动力。今天，已经有了一个不错的开端；今后，延长黄金产业链这篇大文章还会有更多的新的篇章问世。